In unseren Veröffentlichungen bemühen wir uns, die Inhalte so zu formulieren, dass sie allen Menschen gerecht werden, dass sich alle Geschlechter angesprochen fühlen, wo alle gemeint sind, oder dass ein Geschlecht spezifisch genannt wird. Nicht immer gelingt dies auf eine Weise, dass der Text gut lesbar und leicht verständlich bleibt. In diesen Fällen geben wir der Lesbarkeit und Verständlichkeit des Textes den Vorrang. Dies ist ausdrücklich keine Benachteiligung einzelner Geschlechter.

Impressum

ejw Evangelisches Jugendwerk in Württemberg

ISBN Buch 978-3-86687-357-5
ISBN E-Book 978-3-86687-358-2

Lektorat: buch+musik – Marlen Bleiholder, Stuttgart
Umschlaggestaltung: buch+musik – Daniela Buess, Stuttgart
Satzprogrammierung: X1-Publishing, Stuttgart
Bildrechte Umschlag: iStock: KM6064, lushik, Okea, wildpixel;
Pixabay: Alexas_Fotos
Bildrechte Autorenfoto: bei der Autorin
Druck und Gesamtherstellung: Gutenberg Beuys Feindruckerei GmbH, Langenhagen

www.praxisverlag-bm.de

Birgit Götz

ANSICHTS SACHEN 2

Es ist immer noch nicht alles Banane

60 Andachten für Jugendliche über Gegenstände

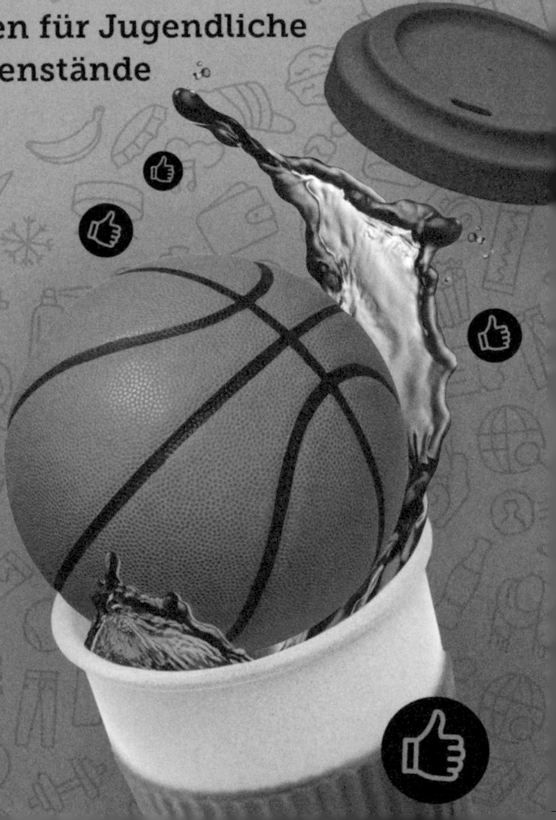

buch + musik

Inhaltsverzeichnis

Fund-Sachen

Vorwort

Wir glauben an einen vielseitigen Gott: Er ist Schöpfer der Welt und Lebensschenker, Schuldvergeber und Geschichtenlenker, liebender Vater und gerechter Richter und noch viel mehr. Es gibt keine Situation unseres Lebens, die er nicht kennt. Es gibt keinen Gedanken, keinen Wunsch, keine Zweifel und Fragen, die ihn nicht interessieren, keine Schuld, die ihn abschrecken würde. Wir sind ihm nicht Banane! Wir sind ihm unendlich wichtig! Und diese gute Nachricht möchte ich in diesem Buch mit allen teilen.

Als Hilfsmittel dienen 60 Gegenstände, die man von allen Seiten betrachten kann. Sie können Gott und sein Handeln, wie wir es in der Bibel beschrieben finden, anschaulicher und greifbarer machen.

Die Texte zu diesen Gegenständen sind zum Vorlesen geeignet – für eine Andacht zu zweit, in der Gruppe oder allein. Sie können aber auch als Anregung für einen eigenen Impuls in der Gruppenstunde, im Schülerbibelkreis, beim Vorbereitungstreffen oder als Morgen- oder Abendandacht auf einer Freizeit dienen.

Der Bibelvers am Anfang zeigt, wo man in der Bibel spannende Gedanken zum jeweiligen Thema finden kann. Das Bibelstellenverzeichnis ab Seite 132 und das Stichwortverzeichnis ab Seite 134 helfen bei der Suche nach einer passenden Andacht.
Die Tat-Sache nach jeder Ansichts-Sache kann helfen, den Leitgedanken der Andacht in den Alltag zu übertragen, ihn als Contest umzusetzen oder ihn mit einer witzigen Aufgabe zu verinnerlichen. So begegnen uns Gottes Gedanken immer und überall.

Ein Dank gilt meinen Teenager-Korrekturleserinnen und -Korrekturlesern Alina, Elisabeth, Fabian, Joscha, Linda und Paula.

Birgit Götz

ANSICHTS-SACHEN

Adilette

Denn ihr alle habt in der Taufe Christus angezogen. Und durch sie gehört ihr nun zu ihm. Es spielt keine Rolle mehr, ob ihr Juden seid oder Griechen, Sklaven oder freie Menschen, Männer oder Frauen. Denn durch eure Verbindung mit Christus Jesus seid ihr alle wie **ein** Mensch geworden.
Galater 13,27-28

Fund-Sache: Gemeinschaft, Jesus, Zugehörigkeit

Ansichts-Sache

Sie kann von allen getragen werden: Jungen und Alten, Armen und Reichen, Promis und Normalos, Männern und Frauen. Die Adilette. Das kann nicht jeder Schuh von sich behaupten. Dabei wurde sie gar nicht als Schuh für jedermann entwickelt, sondern als Badeschuh für die deutsche Fußballnationalmannschaft. Adolf Dassler, der Gründer der Firma Adidas, war dort Zeugwart. Er beobachtete, dass die Fußballer nach dem Spiel mit ihren schmutzigen Schuhen den Duschraum betraten und alles schlammig und rutschig wurde. So entwickelte er die Adilette, die durch ihre Saugfähigkeit an der Sohle ein Rutschen verhinderte und dafür sorgte, dass die Füße auch nach dem Duschen noch sauber waren.

Zunächst war sie die klassische „Badelatsche" und ein Chill-Out-Schuh. Seit einigen Jahren erlebt die Adilette eine neue Beliebtheit, und wird auch von modebewussten Stars abseits des Sports getragen. Es gibt sie aufgepimpt mit Strasssteinen, mit Plüsch und Blumen und in allen Farben. Und dabei macht die Adilette keinen Unterschied, wer sie tragen darf. Weil sie als Modeschuh preislich für alle erschwinglich ist, ziert sie die Füße von Menschen egal welchen Geschlechts, welcher Kultur, Religion, Nationalität oder Lebenseinstellung. Das ist besonders.

Denn in einigen anderen Bereichen unseres Lebens ziehen wir schon mal eine Grenze, um für uns und andere klar zu sagen, wer dazugehört und wer nicht. Wen lädst du zum Geburtstag ein und wer gehört nicht zu deinem Freundeskreis? Wer darf in unserem Land leben und arbeiten? Wer wird in die nächste Klasse versetzt? Ganz neu und revolutionär war vor über 2.000 Jahren, als Jesus eine Beziehung mit Gott für alle Menschen möglich gemacht hat. Bis dahin gab es klare Grenzen, gekennzeichnet durch verschiedene Bereiche im Tempel, in die man nur vorgelassen wurde, wenn man bestimmte Kriterien erfüllte. Für Jesus spielten diese Unterschiede keine Rolle mehr. Er redete mit Kindern und segnete sie. Er berührte und heilte Kranke, die man als Jüdin oder Jude nicht anfassen durfte. Er feierte mit den Ausgestoßenen der Gesellschaft. Er nahm Frauen und Männer ernst. Er traf Menschen aus dem Ausland und seine eigenen Landsleute gleichermaßen. Jesus wollte Gemeinschaft mit allen Menschen.

Für Gott sind die Kategorien nicht wichtig, in die wir uns gegenseitig einteilen. Er wünscht sich Gemeinschaft mit jedem einzelnen Menschen. In der Taufe dürfen alle ihre Schuld abwaschen und ein Leben mit Gott beginnen. Dieses Leben ist an keine Eintrittsbedingung geknüpft. Sie macht aus uns keine einheitliche Masse. Jede und jeder bleibt besonders. Aber wir sind vor Gott alle gleichwertig. Wie **ein** Mensch.

Tat-Sache

Adiletten eignen sich für einen lustigen Sportwettkampf: Weitkicken, Kegel umschießen, eine Adilettenstaffel, bei der es für den Schuhverlust Abzug gibt ... Das sind nur einige von vielen möglichen Spielen, um die Adilette ins Spiel zu bringen.

Adventskalender

Als die Männer zu Jesus kamen, sagten sie: „Johannes der Täufer schickt uns zu dir und lässt dich fragen: ‚Bist du der, der kommen soll, oder müssen wir auf einen anderen warten?'"
Lukas 7,20

Fund-Sache: Jesus, Warten, Weihnachten

Ansichts-Sache

Niemand wartet gern. Wenn unsere Freundinnen und Freunde sich verspäten oder der Bus nicht kommt und wir in der Kälte stehen, sind wir leicht genervt. Arztpraxen haben ein Wartezimmer, Hotlines eine Warteschleife und Musikschulen eine Warteliste. An Flughäfen sind Wartemanager eingestellt, die die wartenden Menschen beruhigen und in die richtigen Schlangen einsortieren sollen. Auf dem Smartphone finden wir viele Möglichkeiten, wie wir die Wartezeit überbrücken können. Dabei ist Warten manchmal notwendig. So ist unreifes Obst, das nicht am Baum oder Strauch gereift ist, ungenießbar. Wenn man weiß, worauf man wartet, ist es leichter, die Zeit bis dahin auszuhalten.

Um die Wartezeit bis Weihnachten für Kinder erträglicher zu machen, wurden vor über 100 Jahren Rituale entwickelt. 24 Kreidestriche, von denen man jeden Tag einen abwischen konnte, oder Strohhalme, von denen man jeden Tag einen in eine Holzkrippe legte, waren die Anfänge der Adventskalender. Bildchen zum Ausschneiden und Aufkleben, Abreißkalender und Papierkalender mit Türchen wurden hergestellt. Kalender, die mit Schokolade gefüllt waren, gab es ab 1920. Sie alle versuchten, die Wartezeit zu verschönern, bis man den Tag der Geburt Jesu feierte.

Auch das Volk Israel hat darauf gewartet, dass Gott den Messias, den Gesalbten, schickt. Er ist laut den Verheißungen des Alten Testaments der König der Juden, dessen Thron ewig besteht. Er befreit das Volk von allen unterdrückenden Mächten und schafft ewigen Frieden mit Gott. Er wird vor allem vom Propheten Jesaja angekündigt. Als Jesus in die Öffentlichkeit trat und die Menschen erlebten, dass er so ganz anders war als andere Menschen, stellte sich natürlich die Frage: Ist das der Messias? Diese Frage stellte sich auch der Täufer Johannes, dessen Auftrag es war, den Weg für den Messias vorzubereiten: Hat das Warten jetzt ein Ende? Jesus antwortete ihm nicht mit klugen Worten, sondern ließ ihn sein Wirken beurteilen: „Blinde sehen und Lahme gehen. Menschen mit Aussatz werden rein. Taube hören, Tote werden zum Leben erweckt, und Armen wird die Gute Nachricht verkündet" (Lk 7,22b).

Wenn Gottes Reich anbricht, dann verändert sich vieles. Wir erleben, dass Menschen gesund werden, dass Feinde sich versöhnen und traurige Herzen wieder froh werden. Aber auch das Gegenteil ist der Fall: Manche sterben an ihren Krankheiten, Streit lässt sich nicht immer aus der Welt räumen und an vielen Stellen erleben wir Ungerechtigkeit. Jesus hat uns einen Vorgeschmack auf das gegeben, was uns eines Tages erwartet. Aber noch leben wir in dieser Welt und müssen darauf warten, bis wir einmal ganz mit Gott zusammen sein werden. Dann hat das Warten ein Ende. Bis dahin können wir uns die Zeit mit einem Wartekalender vertreiben.

Tat-Sache

In früheren Adventskalendern waren hinter jedem Türchen Bibelverse zu finden, die Mut machten. Bastle dir deinen eigenen Kalender, indem du solche Bibelverse auf kleine Zettel schreibst, sie nummerierst und aufhängst oder in ein schönes Glas füllst. Dieser Kalender kann das ganze Jahr über genutzt werden.

Akku

Er gibt dem Müden neue Kraft und macht den Schwachen wieder stark.
Jesaja 40,29

Fund-Sache: Kraft, Stille, Versorgung

Ansichts-Sache

Ohne Batterien würden viele Geräte nicht funktionieren, die wir täglich benutzen. Damit die Uhr an der Wand funktioniert, müsste man erst eine elektrische Leitung legen. Die Armbanduhr müsste immer mit einer Steckdose verbunden sein. Und eine Fernbedienung verliert ihre Vorzüge, wenn man sie nur mit Kabel verwenden kann. Wie gut, dass Alessandro Volta um 1800 die Batterie entwickelte, mit der elektrische Energie auch mobil genutzt werden kann. Aus chemischer Energie im Inneren der Batterie wird elektrische Energie, wenn die geladenen Elektronen von der einen Seite der Batterie zur anderen wandern – auf dem „Umweg" durch das Gerät, das sie mit Strom versorgen sollen. Problem dabei ist, dass die Elektronen nur einmal diesen Weg gehen können, dann ist die Batterie „leer". Für Geräte, die nur wenig Strom verbrauchen, ist das okay. Aber für Geräte, die viel Strom benötigen, wie unsere Smartphones, ist das unpraktisch. Damit wir also nicht ständig einen Sack voll Batterien mit uns herumtragen müssen, haben die Forscher Stanley Whittingham, John Goodenough und Akira Yoshino einen Lithium-Ionen-Akku entwickelt, in dem die Elektronen immer wieder aufgeladen werden können, und erhielten dafür 2019 den Nobelpreis für Chemie. So können wir unsere Smartphones, Tablets, Laptops und die elektrische Zahnbürste immer wieder aufladen und dadurch weiterverwenden.

Wer im Alltag keine Pausen macht, ist schnell „leer" wie eine Batterie. Viele Klassenarbeiten, Hausaufgaben, Termine am Nachmittag ... Schnell kann einem alles zu viel werden. Woher bekommst du dann wieder neue Kraft? Durch deine Lieblingsserie, durch ein Telefonat mit einer Freundin oder einem Freund oder durch einen langen Mittagsschlaf? Wir haben alle unsere Methoden gefunden, mit denen sich unser Körper erholen kann und wir wieder leistungsfähig werden. Aber manchmal, wenn wir so richtig „leer" sind, hilft auch Schokolade nicht. Denn manche Probleme unseres Lebens lassen sich nicht durch Ablenkung oder mit Zucker lösen.

Auf Gott treffen viele Superlative zu: Er ist der Ewige, der Allmächtige, der Allgegenwärtige, der Treue, der Liebende. Und er ist auch die ewige Kraft. Bei ihm können wir uns immer wieder aufladen und uns für unsere Aufgaben ausstatten lassen. Konkret kann das bedeuten, dass wir vor Gott unseren ganzen Stress ausbreiten, ihm von den vielen Aufgaben erzählen, und ihn um seine Kraft bitten. Wenn wir in unserer Kraftlosigkeit auf Gott blicken, dann kann er uns einen neuen Blick auf unser Leben schenken. Dinge, die uns vorher so unendlich wichtig erschienen, bekommen dann eine ganz andere Bedeutung. Manches, was uns vorher so viel Kraft gekostet hat, wird dann zweitrangig. Gottes Blick auf unser Leben hilft uns, unsere Prioritäten neu zu ordnen, und schenkt uns Hoffnung, weil wir mit dem unterwegs sind, der alle Kraft der Welt hat.

Tat-Sache

Suche dir einen bequemen Platz, an dem du dich ausstrecken und entspannen kannst. Stelle dir vor, wie Gottes Kraft durch deinen Körper fließt und alles, was dir Kraft raubt, zu Gott fließt. Dabei kannst du ein Lied hören, z. B. „You are my all in all / Du bist die Kraft" von Dennis Jernigan, und es zu deinem Gebet machen.

App

Jesus spricht: „Ich bin gekommen, um ihnen das wahre Leben zu bringen – das Leben in seiner ganzen Fülle."
Johannes 10,10b

Fund-Sache: Individualität, Nachfolge, Versorgung

Ansichts-Sache

Ein Smartphone ohne Apps ist nicht vorstellbar. Damit könnten wir nur telefonieren. Dabei schätzen wir an diesem Gerät ja gerade, dass es so vielfältig ist. Dazu sind Apps nötig, die man sich selbst zusammenstellen und installieren kann. App ist die Abkürzung von Application und beschreibt die Anwendungssoftware, die ein Smartphone mit zusätzlichen Funktionen ausstattet. So begleitet uns das Smartphone den ganzen Tag mit seinen vielen Möglichkeiten: Es weckt uns am Morgen, übt mit uns Vokabeln, ist die Busfahrkarte zu Schule und Job, erinnert uns an Termine, ermöglicht uns den Kontakt mit Menschen, die weit weg wohnen, unterhält uns mit Spielen und Filmen, speichert unsere Erinnerungen als Film oder Foto, gibt uns Ernährungstipps, überwacht unseren Puls, zählt unsere Schritte, lässt uns bei Musik entspannt einschlafen.

Und noch viel mehr! Bei Google-Play gab es 2021 rund 3,34 Millionen Apps zum Runterladen, im Apple-Store waren es 2,2 Millionen. Am beliebtesten ist WhatsApp, wo täglich weltweit 65 Milliarden Nachrichten verschickt werden. Im Jahr 2021 verzeichnete Instagram 33,6 Millionen Downloads, Tiktok 25,7 Millionen. Auf Youtube wird jeden Tag so viel Filmmaterial hochgeladen, dass man 65 Jahre bräuchte, um allein die Filme eines einzigen Tages anzuschauen!

Die Apps kann man sich individuell nach den eigenen Bedürfnissen und Wünschen zusammenstellen. Für Allergiker ist die Pollenflug-Vorhersage wichtig, für Sehbehinderte eine App zum Kinohören. Kinder können Zahlen und Buchstaben kennenlernen, Ältere bestellen ihre Lebensmittel. Damit erweitern Apps unsere Möglichkeiten und erleichtern uns vieles.

Ein Leben mit Gott kann man sich wie ein Smartphone vorstellen, auf dem man die gewünschten Apps installieren kann. Die Grundlage „Gott" ist bei allen dieselbe, nur die Gestaltung unserer Beziehung zu Gott ist für jede und jeden so, wie es am besten passt. Gott hat für uns in seinem Store viele „Apps" zum kostenlosen Download: Er hilft uns, durch die Schwierigkeiten des Lebens zu kommen. Er sieht unsere Verletzungen und kann sie heilen. Er zeigt uns den Weg, der gut für uns ist. Er beschenkt uns mit seiner Liebe auf ganz unterschiedlich erlebbare Weise. Er vergibt uns unsere Schuld und hilft uns, das zu bereinigen, was kaputt gegangen ist. Ständig entwickelt Gott neue Features, weil er uns sieht, uns begleitet und immer aktuell auf das reagiert, was wir brauchen. Durch Gott gewinnt unser Leben an Weite und Vielfältigkeit und wir können das Leben in seiner Fülle genießen. Und dabei produziert Gott keine Massenware, die für alle passen muss, sondern er stellt für jede und jeden den perfekten App-Mix zur Verfügung. Denn Gott weiß, was wir können und was wir brauchen. Er ist dabei kein Datenklauer, sondern unser liebender Vater. Es liegt an uns, seine Empfehlungen anzunehmen und damit das Leben zu genießen.

Tat-Sache

Was könnte es in einem App-Store Gottes geben? Gebet, Fürbitte, Begleitung, Entscheidungshilfe, Zusprüche Gottes, Heilung ...? Überlege mit anderen, wodurch dein Leben mit Gott reicher wird. Was davon möchtest du in Anspruch nehmen?

Ausweis

Seht doch, wie groß die Liebe ist, die der Vater uns geschenkt hat: Wir heißen Kinder Gottes, und wir sind es tatsächlich.
1. Johannes 3,1a

Fund-Sache: Bekenntnis, Liebe Gottes, Zugehörigkeit

Ansichts-Sache

Wer in Deutschland 16 Jahre alt ist, muss einen Personalausweis oder Reisepass besitzen. In anderen Ländern heißt er auch Identitätsausweis. Darauf werden Angaben zur Person vermerkt: Name, Vorname(n), Geburtsdatum, Staatsangehörigkeit, Wohnadresse, Augenfarbe, Größe, wann und wo der Ausweis ausgestellt wurde und wie lange er gültig ist. Seit einigen Jahren werden auch die Fingerabdrücke gespeichert. Eine Ausweisnummer bestätigt, dass die richtige Person den richtigen Ausweis besitzt. In allen Ländern wird es unterschiedlich gehandhabt, was der Ausweis „kann", also wo man sich damit ausweisen kann und wohin man damit reisen darf. In manchen Ländern ist es Pflicht, ihn ständig bei sich zu tragen. Wer sich dort nicht ausweisen kann, wird bestraft, teilweise sogar verhaftet. Dabei soll der Ausweis ja nur eines: ausweisen, dass die Person auch die Person ist, die sie vorgibt zu sein.

Ausweise kennen wir auch aus anderen Zusammenhängen: Mit dem Schülerausweis bekommt man eine Ermäßigung im Kino, mit dem Mitgliedsausweis des Fitnessstudios kann man dort Sport machen, mit dem Büchereiausweis darf man Bücher ausleihen und mit einem Führerschein Auto fahren, mit der Jugendleiterkarte wird bestätigt, dass man gut ausgebildet ist, um Gruppen zu leiten. Ein Ausweis sagt, wer man ist und wozu man gehört.

Für Freundschaften gibt es allerdings keinen Ausweis. Wer unsere Freundinnen und Freunde sind, lässt sich (leider?) nicht mit einem Freundschaftsausweis für immer klären. Denn dazu braucht es Zeit, gemeinsame Erlebnisse und Sympathie auf beiden Seiten. Manchmal entwickelt man sich unterschiedlich und verliert wieder den Kontakt. Und manchmal werden wir auch enttäuscht, wenn jemand uns die Freundschaft kündigt.

Ganz anders bei Gott. Er bietet uns seine Freundschaft an. Er ist so voller Liebe für uns, dass er uns gern den Mitgliedsausweis für den Zutritt in sein Reich schenken möchte. Bedingungen, um diesen Ausweis zu bekommen, gibt es keine. Gott selbst aber hat sich das etwas kosten lassen: Seinen eigenen Sohn hat er für unsere Schuld sterben lassen. Damit hat er alles bereinigt, was bis dahin Bedingung war, um mit Gott in Kontakt zu kommen. Durch Jesus ist jedem Menschen die Mitgliedschaft als Kind Gottes möglich. Wir können ganz frei entscheiden, ob wir diesen Mitgliedsausweis jetzt annehmen möchten. Oder später. Von Gottes Seite wird das Angebot niemals gekündigt. Er steht zu seinem Wort. Und weil er uns so sehr liebt, freut er sich, wenn wir den Ausweis annehmen und von unserer Mitgliedschaft Gebrauch machen: indem wir mit ihm über alles reden, ihn durch die Bibel besser kennenlernen und mit anderen unsere Mitgliedschaft feiern.

Tat-Sache

Betrachte die Ausweise, die du in deinem Geldbeutel hast. Wer hat dir alles einen Ausweis ausgestellt? Welche Ausweise sind für dich wichtig und welche sind nur nötig? Wie könnte ein Ausweis aussehen, der dich als Kind Gottes ausweist? Bastle dir einen solchen Ausweis, z. B. mit dem Bibelvers aus 1. Johannes 3, der dich immer wieder daran erinnert, dass du zu Gott gehörst.

Banane

Ich bin der Weinstock, ihr seid die Reben. Wer mit mir verbunden bleibt so wie ich mit ihm, bringt reiche Frucht. Denn ohne mich könnt ihr nichts erreichen.
Johannes 15,5

Fund-Sache: Kraft Gottes, Nachfolge, Wahrheit

Ansichts-Sache

Bananen gehören zu den beliebtesten Lebensmitteln der Deutschen. Man zählt sie zu den Beerenfrüchten. Denn sie bestehen wie alle Beeren aus einer weichen Schale, einem weichen Fruchtfleisch und Samenkörnern. Da die Samenkörner der Banane so groß wie Erbsen und sehr hart sind, stören sie beim Essen und man hat sie weggezüchtet. Zu sehen sind nur noch die braunen Überreste, wenn man eine Banane in Scheiben schneidet. Die Dessertbananen, die wir im Supermarkt kaufen können, sind also ohne Befruchtung entstanden und haben keine Samen. Die Dessertbanane kann sich nur durch kleine Ableger, sogenannte Kindel, vermehren, die sich direkt aus der Wurzel bilden. Das erschwert zwar die Vermehrung der Bananen, sorgt aber gleichzeitig dafür, dass die neue Pflanze genetisch identisch mit der Mutterpflanze ist. Abweichungen vom Original sind nicht möglich.

Das Original zu haben, ist immer besser als eine Kopie. Wie leicht schleichen sich Fehler ein, weil die Übertragung nicht funktioniert hat. Aus Kindertagen kennen wir das Spiel Flüsterpost. Dabei wird ein Wort von Ohr zu Ohr weitergeflüstert. Selten kommt am Ende dasselbe Wort heraus, wie es zu Beginn geflüstert wurde. Auch bei der Weitergabe von Informationen sind nicht selten Missverständnisse entstanden, weil jemand nicht richtig hingehört oder etwas interpretiert hat, was nicht gesagt wurde. Da ist es immer gut, das Original noch einmal zu hören oder nachzufragen.

Jesus verwendet einmal das Beispiel von einem Weinstock. Er ist fest verwurzelt und gibt seinen Reben Kraft und Halt. Die Reben tragen Früchte, aber nur dann, wenn sie mit dem Weinstock in Verbindung bleiben. Schneidet man diese Verbindung ab, werden die Trauben welk und ungenießbar, denn eine Rebe kann nicht aus eigener Kraft Trauben hervorbringen. Jesus vergleicht sich mit dem Weinstock und seine Freundinnen und Freunde mit den Reben. Nur wer mit ihm in Verbindung bleibt, kann sein Leben so gestalten, wie Gott sich das gedacht hat. Die Verbindung mit dem Original, dem Weinstock Jesus, ist lebensnotwendig.

Das gilt auch für unseren Glauben. Es ist gut, von anderen Menschen zu hören, welche Erfahrungen sie mit Gott gemacht haben. So entsteht ein vielfältiges Bild unseres vielfältigen Gottes. Aber wer nur von diesen Second-Hand-Erfahrungen lebt, wird nicht lange durchhalten. Es braucht die direkte Anbindung an die Mutterpflanze, an Gott. Sonst besteht immer wieder die Gefahr, dass sich christliche Thesen verselbstständigen, die nicht mehr mit Gottes Idee übereinstimmen. Kind Gottes sein bedeutet also immer auch, „Kindel" Gottes sein.

Tat-Sache

Pflanzen aus Pflanzen zu vermehren ist auch auf der Fensterbank möglich. Fülle in einen Topf gute Erde und stecke einen abgeschnittenen Zweig von Kräutern (Thymian, Rosmarin, Pfefferminze) oder grünen Zimmerpflanzen hinein. Leicht feucht halten und abwarten.

Basketball

Der Herr wird für euch kämpfen. Ihr aber sollt still sein.
2. Mose 14,14

Fund-Sache: Gebet, Hilfe, Streit

Ansichts-Sache

Basketball gehört zu den Sportarten, die fast überall auf der Welt bekannt sind und gespielt werden. Ob im Profiverein oder in der Amateurliga, überall wird der orangefarbene Ball in einen Metallring geworfen, der in 3,05 Meter Höhe hängt. Diese Höhe ist eher zufällig gewählt. Das Spiel hat sich der kanadische Arzt und Pädagoge James Naismith ausgedacht, als Möglichkeit, im Winter Sport zu treiben. Bei Football in der Halle kam es oft zu Kämpfen und Verletzungen, da der Platz und der weichere Boden fehlten. Weil Naismith beobachtet hatte, dass es vor allem in der Torzone zu Rangeleien kam, verlegte er das Tor auf eine andere Ebene. Der Hausmeister Pop Stabbins hängte zwei geflochtene Erntekörbe an die Empore der Halle. Die war zufällig 3,05 Meter hoch und dabei blieb es bis heute. Hinter den Körben brachte man später ein Brett an, um zu verhindern, dass das Publikum von oben den Ball in den Korb oder aus dem Korb schlagen und damit das Spiel beeinflussen kann.

Den Konflikt vor dem Tor auf eine andere Ebene zu heben, war eine gute Idee. Und die können wir für unser Leben übernehmen. Wie oft ist es uns schon passiert, dass sich ein Streit mit Freundinnen, Freunden oder Eltern nicht hat lösen lassen? Die Meinungen waren auf beiden Seiten festgefahren, alle Argumente und Beschuldigungen ausgetauscht, aber eine Lösung hatte sich nicht aufgetan.

Das Volk Israel hat eine ähnlich verfahrene Situation erlebt. Sie wurden in Ägypten als Sklavinnen und Sklaven gehalten, bis die Plagen ihnen zur Freiheit verhalfen. Doch kurze Zeit später bereute der ägyptische König seine Entscheidung, denn es war niemand mehr da, der die ganze Arbeit machte. Also auf und los: Das Volk Israel musste wieder eingefangen werden. Das Volk sah das königliche Heer herankommen, konnte aber nicht die Flucht nach vorn antreten, weil ein unüberwindbares Meer ihnen den Weg versperrte. In ihrer Not schrien sie zu Gott. Der gab das Versprechen: „Ich streite für euch!" Und das tat er schließlich auch (die Geschichte kannst du in 2. Mose 14 nachlesen).

Es ist gut, Gott die unlösbaren Konflikte in unserem Leben anzuvertrauen. Er hat den besseren Überblick und die wirksameren Mittel. Er kann harte Herzen aufbrechen und Versöhnung schenken. Ruhig zu bleiben und ihm im Gebet alles zu sagen, bringt unsere Konflikte auf eine höhere Ebene, wie beim Basketball. Das hilft uns, selbst eine andere Perspektive einzunehmen und die Menschen mit Gottes liebenden Augen zu sehen. Nicht alle Konflikte können hier auf Erden gelöst werden. Aber sie bei Gott abzugeben und ihn um Hilfe zu bitten, kann uns das Leben leichter machen.

Tat-Sache

Nimm einen großen Zettel und notiere die Situationen, wo du in einen Konflikt geraten bist. Dann kannst du mit all deiner Wut den Zettel zusammenknüllen und ihn symbolisch zu Jesus werfen (auf ein Kreuz oder in einen Korb). Nenne Gott auch im Gebet deine negativen Gedanken und lass dir seinen Frieden schenken.

Bewegungsmelder

Der Glaube ist ein Festhalten an dem, worauf man hofft – ein Überzeugtsein von Dingen, die nicht sichtbar sind.
Hebräer 11,1

Fund-Sache: Glaube, Mut, Vertrauen

Ansichts-Sache

In der Dunkelheit das Schlüsselloch zu finden, um die Haustür aufzuschließen, ist gar nicht so einfach. Darum haben einige Hausbesitzer einen Bewegungsmelder über der Tür angebracht. Der sorgt dafür, dass das Licht angeht, sobald sich jemand dem Haus nähert. Auch an anderen Stellen können wir solche Bewegungsmelder finden. So öffnen und schließen sich die Kaufhaustüren, wenn jemand darauf zugeht. Eine Verkehrsampel schaltet sich um, wenn der Bewegungsmelder aktiviert wird. In manchen öffentlichen Toiletten geht das Licht erst an, wenn man den Raum betritt, und der Wasserhahn, wenn man die Hände darunter hält. Mit dem Händetrockner ist das ebenso.

Es gibt vier verschiedene Arten von Bewegungsmeldern. Die einen funktionieren mit einem Passiv-Infrarot-Sensor. Dieser Sensor nimmt alles wahr, was Wärme ausstrahlt und sich bewegt. Der Hochfrequenz-Bewegungsmelder schickt elektromagnetische Wellen ab, die von der Umgebung reflektiert werden. Bewegt sich hier etwas, kann er das wahrnehmen. Dies funktioniert auch durch dünne Türen und Wände hindurch. Der Ultraschall-Bewegungsmelder schickt wie eine Fledermaus Schallwellen ab, die ebenfalls reflektiert werden. Und dann gibt es noch den Kamera-Bewegungsmelder, der die Bilder der Umgebung aufnimmt und mit den zuvor aufgenommenen Bildern elektronisch auswertet. Ist ein Bild anders als das vorherige, wird der Bewegungsmelder aktiv.

Bewegungsmelder helfen besonders in Räumen, in denen man nicht ständig von Hand das Licht an- und ausschalten will oder kann, weil das zum Beispiel öffentliche Räume sind, in denen die Menschen gern das Licht brennen lassen. Das Licht geht an, wenn die Menschen den Raum betreten, und geht wieder aus, wenn sie ihn verlassen. Ist kein Präsenzsenor eingebaut, dann kann es auch schon mal ausgehen, wenn man sich zu lange nicht bewegt.

Was wir tun müssen, damit das Licht angeht, ist ein mutiger Schritt in die Dunkelheit, ohne dass wir etwas sehen. Mit dem Glauben an Gott ist das ähnlich. Im Hebräerbrief wird das so beschrieben: Glaube ist das Vertrauen in etwas oder jemanden, das oder den wir nicht sehen können. Ob Gottes Zusage wirklich stimmt, kann man nur erfahren, wenn man sich darauf einlässt. Ob Gott Gebete erhört, weiß man erst, wenn man sich traut, ihm die innersten und geheimsten Gedanken und Wünsche anzuvertrauen. An Gott zu glauben ist keine Wissenschaft, sondern muss ausprobiert werden. Was es von uns braucht, um mit Gott in Kontakt zu treten, sind keine besonderen Leistungen oder große Glaubenstaten. Sondern es ist wie beim Bewegungsmelder: Wir müssen nur vor Gott erscheinen. Dann werden wir erleben, dass es in unserem Leben heller wird.

Tat-Sache

Vertrauen heißt Ausprobieren. Eine Person stellt sich auf einen Tisch oder eine höhere Mauer, alle anderen stellen sich davor. Die Person macht sich steif wie ein Brett und lässt sich mit dem Rücken zu den anderen fallen und wird von der Gruppe aufgefangen. Ob die Gruppe trägt (das sollte in jedem Fall sichergestellt werden!), wisst ihr erst, wenn ihr gefallen seid.

Bodylotion

Du deckst für mich einen Tisch vor den Augen meiner Feinde. Du salbst mein Haar mit duftendem Öl und füllst mir den Becher bis zum Rand.
Psalm 23,5

Fund-Sache: Anerkennung, Geborgenheit, Vergebung

Ansichts-Sache

Das größte Organ des Menschen ist die Haut. Auf der Oberfläche befindet sich ein Hydro-Lipid-Film, der sich aus Schweiß, Talg und Wasser zusammensetzt. Er bildet eine Schutzschicht gegen Bakterien und Pilze und verhindert, dass sie sich auf unserer Haut häuslich einrichten und uns schaden. Ist die Haut feucht genug, bleibt sie beweglich und reißt nicht, wenn wir uns bewegen. Je älter Menschen werden, umso trockener, dünner und brüchiger wird die Haut und kann sich nur langsam selbst erneuern.

Wie eine Schutzhülle gegen Krankheiten und UV-Strahlen umschließt die Haut alle anderen Organe, regelt unsere Körpertemperatur, schützt uns bei Stößen, lässt uns Dinge spüren und hilft uns bei der Kommunikation durch Erröten, Erblassen oder die Gänsehaut. Unsere Haut ist lebensnotwendig für den ganzen Körper und darum ist es wichtig, sie zu schützen und zu pflegen.

Dafür steht uns in den Drogeriemärkten eine Fülle von Produkten zur Verfügung. Salben aus Fetten, Cremes als Wasser-Öl-Mischung oder Lotionen, die noch mehr Wasser enthalten und so die Haut besser atmen lassen. Das älteste Flakon fand man im Grab der Pharaonin Hatschepsut, die 1457 v. Chr. verstarb. Vermutlich litt sie unter Schuppenflechte und verwendete dafür eine Lotion, die man bei den Grabbeigaben fand. Diese Lotion enthielt aber auch Teer, was für ihren frühen Tod verantwortlich sein könnte.

Seit der Zeit Hatschepsuts ist auch bekannt, dass Männer und Frauen bei festlichen Anlässen einen Salbkegel auf dem Kopf trugen. Das war ein aus Öl, Harz oder Fett geformter und parfümierter Kegel, den man den Gästen, manchmal auch mit Blumen verziert, auf den Kopf gebunden hat. Im Laufe der Feier schmolz das Fett durch die Körperwärme und verbreitete einen wohltuenden Duft.

Was aber, wenn man nicht mehr eingeladen, sondern gemobbt und verfolgt wird oder sich durch falsches Verhalten unbeliebt gemacht hat? Das hat König David erlebt, dem dieser Psalm zugeschrieben wird. Jetzt entdeckt er, dass er mit seiner Lebensgeschichte bei Gott vollkommen angenommen ist. Psalm 23 beschreibt, wie man sich das vorstellen kann. Gott hat den Tisch gedeckt und alles liebevoll vorbereitet. Er empfängt alle Menschen, die bei ihm Schutz, Vergebung und Liebe suchen. Er veranstaltet für sie ein Festmahl, füllt ihren Becher bis zum Rand und behandelt sie mit dem edlen Salbkegel wie einen Ehrengast.

Bei Gott können wir uns sicher fühlen und geliebt und wertgeschätzt wissen, trotz unserer Fehler. Er lädt uns zu sich ein und will mit uns Gemeinschaft haben. Wir können zu ihm kommen mit allem, was uns beschäftigt. Auch Schuld ist bei Gott willkommen. Und alles, was uns stinkt, dürfen wir bei ihm lassen. Wo wir durch den Dreck gezogen wurden, da wäscht Gott uns sauber und gibt uns einen neuen Duft. Wir dürfen Ehrengäste sein. Nimmst du die Einladung an?

Tat-Sache

Deine tägliche Körperpflege kann dich daran erinnern, wie sehr Gott dich wertschätzt. Klebe ein Etikett mit der Aufschrift: „Gott findet mich dufte!" o. Ä. auf dein Deo, deine Bodylotion oder was du so benutzt.

Code

Denn nur einer ist Gott und nur einer der Vermittler zwischen Gott und den Menschen: der Mensch Christus Jesus.
1. Timotheus 2,5

Fund-Sache: Bekenntnis, Fehler, Jesus 4028

Ansichts-Sache

In unserem Smartphone sammeln wir jede Menge Informationen: Adressen von Freundinnen oder Freunden, Bankverbindungen, Kontozugänge für Onlineshops, bezahlte Abos, Fotos, Notizen, Chats ... Informationen, die niemandem unerlaubt in die Hände fallen sollen. Darum ist es gut, dass wir das Smartphone mit einem Code sperren können. Nur wer ihn kennt, kommt an all diese Infos.

Codes kommen auch an vielen anderen Stellen zum Einsatz. Pilze und Bakterien tauschen Informationen über die vorhandene Nahrung aus. Rauchzeichen ermöglichen eine Informationsweitergabe über weite Strecken. Produkte haben einen Strichcode. Binärcodes bilden Buchstaben und Zahlen im Computer ab. Unser Erbgut ist mit einem genetischen Code verschlüsselt. Tiere rufen sich Laute zu, die nur ihresgleichen dekodieren können. Und auch bei uns Menschen funktioniert das so über die Sprache, die Mimik oder Gestik. Und es gibt noch viel mehr Beispiele dafür.

Was jeder Code braucht, ist jemanden oder etwas, der oder das den Code dekodieren kann. Beim Smartphone ist die Lösung vorher eingespeichert. Und nur wer den richtigen Code hat, kann das Smartphone entsperren. Bei unserer Kommunikation klappt das nicht immer so einfach. Denn oft gibt es nicht nur eine richtige Antwort. Wenn dir zum Beispiel jemand zulächelt, weißt du nicht, ob er oder sie dich mag, gerade an eine lustige Situation denkt, höflich ist oder dich belächelt. Dafür braucht es dann die Sprache als zweiten Dekodierer, um zu klären, was gemeint ist. Und so brauchen wir auch jemanden, der uns hilft, Gott besser zu verstehen.

Es gibt verschiedene Theorien, mit denen wir versuchen zu erklären, warum Gott hier hilft und da seine Unterstützung scheinbar verweigert, warum manche Menschen ständig Glück haben und anderen vieles misslingt, warum die einen gesund sind und die anderen von Krankheit geplagt. Es gibt viele Fragen, auf die wir keine Antwort finden. Und es gibt viele wilde Theorien, die meinen, den Fehler bei uns Menschen gefunden zu haben: falsch gebetet, zu wenig geglaubt, zu selten in der Bibel gelesen, anderen nicht genug geholfen ... Das war schon vor 2.000 Jahren so. Menschen wollten Gottes Reich herbeischaffen, in dem sie ohne Fehler lebten. Aber das hat so nicht geklappt. Es war (und ist bis heute) der falsche Code. Um Gemeinschaft mit Gott zu haben, Vergebung zu erfahren und durch seine Liebe ermutigt zu leben, braucht es nur einen Code: Jesus Christus! Er hat für uns am Kreuz die richtige Ziffernkombination eingegeben und somit den Weg zu Gott freigemacht. Es liegt nicht an unserem korrekten Verhalten und Glauben, ob wir mit Gott verbunden sind, sondern allein an Jesus. Viele Fragen bleiben dennoch offen und wir werden sie erst beantwortet bekommen, wenn wir ganz bei ihm sind. Aber die Hauptfrage ist geklärt: Allein Jesus kann die verschlüsselte Tür zu Gott öffnen.

Tat-Sache

Sich gegenseitig codierte Botschaften zu schicken, ist geheimnisvoll und macht Spaß. Entwickle mit deinen Freundinnen und Freunden eine gemeinsame Code-Sprache und probiere es aus. Wie könnte die Botschaft „Jesus ist mein Code zu Gott" aussehen?

Cola

Gott aber hat die Macht, euch jede Gabe im Überfluss zu schenken. So habt ihr in jeder Hinsicht und zu jeder Zeit alles, was ihr zum Leben braucht. Und ihr habt immer noch mehr als genug, anderen reichlich Gutes zu tun.
2. Korinther 9,8

Fund-Sache: Alltag, Hilfe, Individualität

Ansichts-Sache

Nach einem anstrengenden Sport oder vor einer langen Klassenarbeit, am Abend auf einer Party oder im Kino: Ein Glas Cola passt immer! Cola gehört zu den beliebtesten Erfrischungsgetränken. In Deutschland trinkt im Durchschnitt jede und jeder 33 Liter Cola im Jahr. Erfunden wurde dieses Erfrischungsgetränkt 1886 von John Stith Pemberton, einem US-amerikanischen Apotheker. Cola war ein Sirup, den man mit Sodawasser mischte. Hergestellt wurde er aus den Nüssen der Kolapflanze, die hauptsächlich in Nigeria wächst. Die Kolanüsse enthalten viel Koffein (mehr als eine Tasse Kaffee) und werden von Einheimischen in kleine Stücke gebrochen, eine Stunde lang gekaut und dann wieder ausgespuckt. Durch das Koffein wirkt die Kolanuss anregend für Körper und Gehirn, fördert die Verdauung, hat eine schmerzstillende Wirkung und unterdrückt Hunger und Durst.

Anfangs mischte Pemperton dem Getränk auch Kokain bei, das damals nicht als Suchtmittel bekannt war. Da es dadurch aber Todesfälle aufgrund einer Kokain-Vergiftung gab, wurde Kokain in Erfrischungsgetränken verboten. Heute enthält Cola natürliches oder künstliches Coffein sowie Phosphorsäure, Kohlensäure und Zucker. Seinen Geschmack erhält Cola durch die Kolanuss, Vanille, Zimtöl, Nelkenöl und Zitrone. Unterschiedliche Zuckersorten (Rohrzucker in Asien, Rübenzucker in Europa, Maissirup in den USA) und unterschiedliche Mischungen sorgen dafür, dass Cola überall anders schmeckt. In Kombination mit Salzstangen hilft es gegen Durchfall. Durch die Phosphorsäure kann Cola auch als Rostentferner, zum Entkalken von Wasserhähnen, bei Flecken auf der Kleidung, bei verstopften Rohren und gegen Moos auf Steinplatten verwendet werden. Dieses Getränk ist also vielseitig einsetzbar.

Gott und Cola sind damit gar nicht so unterschiedlich. Denn auch Gott ist für jede Lebenslage der geeignete Ansprechpartner. Wer Gott nur für die Party an Weihnachten, für die schöne Konfirmation oder Firmung mit schicken Kleidern oder als Grund für einen freien Sonntag nutzt, der verpasst, dass Gott noch viel mehr sein kann. Denn Gott ist auch da, wenn es uns schlecht geht. Er kann Krankheiten heilen, äußere und innere. Er wischt den Schmutz von unserer Seele, vergibt unsere Schuld und macht uns frei, damit wir das Leben wieder feiern können.

Weil nicht alle Menschen gleich sind und das Gleiche mögen, gibt es unterschiedliche Cola-Hersteller und -Geschmacksrichtungen, die aber alle dieselbe Grundzutat besitzen. Und auch Gott ist der Eine, derselbe gestern, heute und morgen, und doch so flexibel, dass er sich auf jede und jeden ganz persönlich einstellt. Gott ist was für jeden Geschmack. Aber einen wichtigen Unterschied zwischen Cola und Gott gibt es: Bei Gott wird die Flasche nie leer.

Tat-Sache

Ein Cola-Test ist eine lustige Aktion und macht deutlich, dass wir alle unterschiedliche Geschmäcker haben. Kaufe verschiedene Cola-Sorten, fülle sie in Gläser, die du markiert hast, und lasse deine Freundinnen und Freunde testen. Wer kann das Getränk den verschiedenen Marken richtig zuordnen?

Cookies

Jesus sah, wie groß ihr Glaube war, und sagte zu dem Gelähmten: „Mein Kind, deine Sünden sind dir vergeben."
Markus 2,5

Fund-Sache: Glaube, Vertrauen, Wunder

Ansichts-Sache

Wenn in der Adventszeit die Wohnung lecker nach Frischgebackenem duftet, dann zieht es uns schnell in die Küche, um einen noch warmen Keks zu probieren. Der Duft von Keksen ist für die meisten Menschen fast unwiderstehlich. Mit unseren über 10 Millionen Riechzellen können unsere 340 Geruchsrezeptoren viele verschiedene Düfte und Gerüche wahrnehmen. Und das klappt nicht nur bei frisch gebackenen Keksen, sondern auch bei anderen Lebensmitteln wie frischem Brot, Pizza oder Gebratenem. Der Duft macht Lust auf mehr, aber von ihm wird man nicht satt. Das wissen alle, die schon einmal an einer Bäckerei vorbeigegangen sind, den Geruch von warmen Brötchen, Kaffeeduft und Karamell wahrgenommen haben, aber leider kein Geld dabeihatten, um sich etwas von den Leckereien zu kaufen. Wer am Keks nur riecht und nicht hineinbeißt, verpasst den leckeren Geschmack und die Energie, die er liefert.

Die Wunder, die Gott wirkt, können wir mit dem leckeren Duft eines Kekses vergleichen. Sie sind ein Vorgeschmack auf das, was noch kommt. Jesus hat immer wieder betont, dass seine Wunder die Größe und Liebe Gottes zu uns Menschen sichtbar machen sollen. Wunder sind der Duft, der uns dazu einladen will, diesem wunderbaren Gott unser Leben anzuvertrauen. In Markus 2 wird die Geschichte eines Gelähmten erzählt, den seine Freunde mangels Platz durch das Dach zu Jesus bringen. Jesus sieht diesen Menschen und beendet seine größte Not – seine Schuld. Er nimmt alles weg, was zwischen ihm und Gott steht. Sündenvergebung ist unsichtbar. Das stört die Umstehenden und sie stellen Jesu Autorität infrage. Sie brauchen etwas Sichtbares, damit sie Jesus glauben können. Also heilt Jesus den Gelähmten. Alle können sehen, dass er wieder gehen kann. Eine Heilung ohne die Sündenvergebung wäre für den Kranken von außen betrachtet vielleicht schön gewesen, aber seine eigentliche Not wäre damit nicht bereinigt. Die Heilung ist wie der Duft, der alle „riechen" lässt, dass Jesus Gottes Sohn ist. Sie ist nicht nötig, um den Menschen wirklich glücklich zu machen, aber schön!

Wir stehen heute immer wieder in der Gefahr, dass wir uns zu sehr auf unsere Gefühle, auf unsere Erlebnisse mit Gott konzentrieren und dabei Gott selbst aus den Augen verlieren. Wir fühlen nichts, also kann es Gott nicht geben, denken wir. Aber in erster Linie geht es um unsere vertrauensvolle Beziehung zu Gott. Heilung, Gebetserhörungen und gute Gefühle sind wie der Duft eine Zugabe, die diese Beziehung unterstreichen. Aber sie sind nicht die Basis. Und Gottes Existenz ist von unseren Gefühlen nicht abhängig.

Tat-Sache

Kekse entwickelten sich mit dem Konsum von Kaffee, Tee und Kakao im 18. Jahrhundert. Durch die Herstellung von Zucker aus heimischen Zuckerrüben wurden sie für alle erschwinglich. Heute gibt es eine Fülle an Rezepten. Backt zusammen Kekse und erzählt euch beim gemeinsamen Essen von euren Erfahrungen und Erlebnissen mit Gott.

Deo

Nehmt euch also Gott zum Vorbild! Ihr seid doch seine geliebten Kinder. Und führt euer Leben so, dass es ganz von der Liebe bestimmt ist. Genauso hat auch Christus uns geliebt und sein Leben für uns gegeben – als Opfer und als Duft, der Gott gnädig stimmt.
Epheser 5,1-2

Fund-Sache: Liebe Gottes, Nachfolge, Nächstenliebe

Ansichts-Sache

Jeder Mensch hat seinen eigenen Duft. Das liegt an den unterschiedlichen Genen, mit denen wir ausgestattet sind. Sie erzeugen einen persönlichen Geruch. Unser Körpergeruch entsteht aber auch durch die Lebensmittel, die wir essen und die bei der Verstoffwechselung teilweise über die Haut wieder ausgeschieden werden. So war schon im alten Ägypten bekannt, dass man durch Duftbäder, die Entfernung der Körperhaare und das Einreiben mit parfümierten Ölen seinen Körpergeruch positiv und kurzfristig verändern kann. Während im 19. Jahrhundert in Frankreich an der Weiterentwicklung des Parfüms gefeilt wurde, entdeckte Jan Purkinje 1833 in Breslau die Schweißdrüsen. Viele kleine Schweißdrüsen überziehen unsere Haut und tragen so zur Temperaturregelung unseres Körpers bei, z. B. beim Sport oder bei Fieber. Große Schweißdrüsen, auch Duftdrüsen genannt, kommen nur in bestimmten Körperregionen vor und erzeugen dort mit dem Hauttalg und den Hautbakterien verschiedene Gerüche. Gerade in den Achselhöhlen bietet das feuchtwarme Klima einen guten Nährboten für verschiedene Bakterien, die den Schweißgeruch fördern.

Um dem etwas entgegenzusetzen, entwickelte man seit 1888, als das erste Deodorant auf den Markt kam, unterschiedliche Mittel, um sowohl die Schweißproduktion zu reduzieren als auch den Bakterien auf den Leib zu rücken. Heute gibt es eine Vielzahl an Produkten, damit wir gut riechen.

Und trotz aller parfümierter Mittel gibt es Menschen, die uns stinken. Menschen, die uns nerven, weil sie uns verletzen, an die Seite drängen und sich selbst immer in den Vordergrund spielen, Versprechen nicht einhalten, Geheimnisse weitererzählen oder sich nur für sich selbst interessieren. Mit solchen Menschen will man nicht wirklich viel Zeit verbringen.

Gott geht es mit uns manchmal ähnlich. Wie wir miteinander umgehen, wie wir Gott ignorieren und selbst Gott sein wollen, das stinkt zum Himmel. Für Gott nicht wirklich angenehm. Darum ist er in Jesus selbst auf die Erde gekommen, um uns zu zeigen, wie ein Leben geht, das einen angenehmen Duft verbreitet. Unser Leben soll von der Liebe bestimmt sein. Ganz schön schwierig! Vor allem bei den Menschen, die wir nicht gut riechen können. Aber Gott hat uns nicht nur ein Beispiel in Jesus gegeben, sondern zugleich auch das Angebot der Vergebung. Alles, was wir nicht hinbekommen, können wir immer wieder bei ihm abladen. Er vergibt Schuld und liebt uns auch dann, wenn wir mal wieder so richtig stinkig zu den anderen waren. Dass wir uns an ihn halten, mit ihm in Kontakt bleiben und ihm nacheifern, ist für Gott ein Wohlgeruch. Das finde ich dufte!

Tat-Sache

Riechen kann man üben. Ein Parfümeur übt jeden Tag mehrere Stunden, um differenzierter riechen zu können. Was könnt ihr alles riechen? Sammelt riechende Stoffe, z. B. Knoblauch, Zimt, Rosmarin, Basilikum, Orangen- und Zitronenschale, Käse, Salami, Kaffee, Essig. Verbindet euch die Augen und lasst euch gegenseitig riechen und raten. Wer hat den besten Riecher?

Eiweißshakes

Glücklich ist der Mensch, der [...] sich über die Weisung des Herrn [freut]. Tag und Nacht denkt er darüber nach und sagt Gottes Wort laut vor sich hin. Er gleicht einem Baum, der am Wasser gepflanzt ist. Früchte trägt er zu seiner Zeit, und seine Blätter welken nicht. Alles, was er tut, gelingt ihm gut.
Psalm 1,1-3

Fund-Sache: Bibel, Kraft, Zugehörigkeit

Ansichts-Sache

Chips, Cola, Pizza, Pommes finden viele Menschen lecker und tauchen in einigen wöchentlichen Speiseplänen auf. Doch gesund sind sie nicht. Stattdessen boomt die Energieriegel- und Eiweißshake-Branche. Gesunde Ernährung, die nicht nach Brokkoli schmeckt, ist bei vielen sehr beliebt. Das versprechen zumindest die verschiedenen Eiweißshakes, die es im Supermarkt zu kaufen gibt.

Aus dem antiken Griechenland ist bekannt, dass für Sportler viel Fleisch und Wein als eine gute Nahrung empfohlen wurden, denn das versprach Stärke, Ausdauer, Energie und Tapferkeit. Unser Körper braucht Eiweiß, das dem Körper wichtige Aminosäuren liefert. Die braucht der Körper, um Hormone und Enzyme zu bilden, wichtige Stoffe zu speichern, vor Krankheiten zu schützen und Muskeln und Knochen zu bauen.

1910 machte der erste westliche Bodybuilder Eugen Sandow darauf aufmerksam, dass eine vermehrte Eiweißeinnahme die Muskeln stärke. Ab den 1950er Jahren wurden die erste Eiweißpulver aus Eiern an Bodybuilder und Athleten verkauft. Heute sind Eiweißprodukte in jedem Supermarkt zu finden. Die Wirkung ist allerdings umstritten. So geht die Deutsche Gesellschaft für Ernährung davon aus, dass eine ausgewogene Ernährung ausreichend Eiweiß liefere, auch für die Sportlerinnen und Sportler.

Damit etwas wachsen kann, braucht es Energie. Für unsere Muskeln ist Eiweiß ein Energielieferant. Doch woher kommt die Energie für jeden Tag, damit wir gut mit uns und unseren Mitmenschen umgehen? Die Person, die Psalm 1 betet, hat da eine Beobachtung gemacht: Menschen, die sich an Gott halten, in seinem Wort lesen und mit Gott in Kontakt sind, gleichen einem Baum, der nahe am Wasser wächst. Von dort wird er mit allen Nährstoffen versorgt, die er braucht, um Früchte zu bringen. Die Früchte kommen von ganz allein. Dafür muss er sich nicht anstrengen. Es ist nur notwendig, in der Nähe des lebensspendenden Wassers zu sein.

Für uns bedeutet das, dass die Energie für unser Leben aus der Nähe zu Gott kommt. Das kann zum Beispiel so aussehen: Morgens mit Gott über alle Termine und Begegnungen sprechen, die uns erwarten, und ihn um seine Kraft, seine Geduld, seine Liebe für unsere Mitmenschen zu bitten. Einen Bibelvers, in dem uns Gott seine Gegenwart zuspricht, auswendig lernen und sich tagsüber immer wieder daran erinnern. Am Abend das Vergangene wie in einem Tagebuch ablegen und bei Gott lassen, auch alles Unerledigte, die Sorgen, den Ärger, die Enttäuschung. Gott hat versprochen, uns immer wieder neu zu erfrischen. Diese Energie gibt's nur in seiner Nähe. Und sie ist viel billiger und gesünder als Eiweißshakes.

Tat-Sache

Eiweißshakes lassen sich aus Quark, Wasser oder Milch, Bananen oder Beeren, Honig, Haferflocken oder gemahlenen Mandeln leicht selbst herstellen. Probiere aus, was dir schmeckt. Auf der Website www.utopia.de/ratgeber/eiweissshake-selber-machen-3-rezepte findest du gute Rezeptideen.

Erdnussbutter

Jede gute Gabe und jedes vollkommene Geschenk kommt von oben: von dem Vater des Lichts.
Jakobus 1,17a

Fund-Sache: Begabung, Geschenk, Reich Gottes

Ansicht-Sache

Der leckere und energiereiche Brotaufstrich Erdnussbutter ist in vielen Ländern der Welt sehr beliebt. Mit etwas Öl, Salz und Zucker werden die geschälten Erdnüsse zu einer groben oder feinen Masse püriert und kommen nicht nur aufs Brot, sondern auch ins Müsli, in Süßwaren, in den Kuchen oder ins Vogelfutter.

Ihre Erfindung wird oft George Washington Carver zugeschrieben. Als Sklave geboren, eignete er sich in der Landwirtschaft durch seine Beobachtungsgabe viele Kenntnisse zu Pflanzenkrankheiten und Ertragsförderung an. Als „Pflanzendoktor" wurde er immer wieder auf andere Höfe gerufen, um zu beraten. Weil er sich als Botaniker und Gärtner als sehr begabt herausstellte, wurde ihm nach Abschaffung der Sklaverei als erstem Schwarzen eine Arbeitsstelle an der Universität von Iowa angeboten. Er stand vor einer großen wissenschaftlichen Karriere.

Kurze Zeit später erreichte ihn aber ein Hilferuf aus dem Süden, wo eine Hochschule für Schwarze gegründet wurde. Statt eine Karriere an der Universität in Iowa zu machen, bewirtschaftete er mit den Studierenden den völlig verwilderten Schulgarten. Mit einem Wagen besuchte er auch die umliegenden Bauern und brachte ihnen bei, dass ihr Boden wieder ertragreicher würde, wenn sie nicht nur Baumwolle, sondern auch abwechselnd Süßkartoffeln und Erdnüsse pflanzen würden. Das Ergebnis war eine reiche Ernte von Erdnüssen, mit denen die Farmer jedoch nichts anfangen konnten. So schloss sich George ein paar Tage in seinem Labor ein und erfand über 300 Produkte, die man aus Erdnüssen herstellen kann. Neben der Erdnussbutter waren das unter anderem Seife, Hautcremes, Achsenfett, Insektizide, Leim, Medikamente, Holzkohle und Papier.

Das Repräsentantenhaus in Washington lud ihn ein, um über den Nutzen der Erdnuss zu sprechen. Man fragte ihn, woher er sein Wissen habe. „Aus einem alten Buch", antwortete er. „Aus welchem?", wurde er gefragt. „Aus der Bibel." Für Carver war klar: Alles, was wir haben, kommt von Gott. Unsere Aufgabe ist es, unsere Gaben für Gott und die Menschen einzusetzen. Carver verzichtete auf die Patente für die meisten seiner Erfindungen. Ruhm war ihm nicht wichtig. Aber alles für Gott zu geben, das war seine Leidenschaft.

Wir sind alle unterschiedlich begabt. Die einen sind besser in Sport, andere machen wunderschöne Musik. Ob künstlerisch zeichnen oder einen Raum dekorieren, sich gut ausdrücken können oder still beobachten, jedes dieser Talente hat Gott uns geschenkt. Spannend ist die Frage, wie wir sie für Gott einsetzen. Carver konnte gut Pflanzen zeichnen und die Natur beobachten. Er zog daraus seine Schlüsse und trug dazu bei, Gottes Erde zu bewahren und die Menschen satt zu machen. Es sind nicht nur diejenigen wichtig für das Reich Gottes, die die Bibel erklären können, sondern alle Menschen. Was kannst und willst du zu Gottes Welt beitragen?

Tat-Sache

Es gibt viele leckere Rezepte mit Erdnüssen. Ob Kuchen, Gemüsepfanne oder Aufstrich – probiere es aus und lass es dir schmecken.

Fahrschein

Er hat ja seinen eigenen Sohn nicht verschont. Vielmehr hat er ihn für uns alle in den Tod gegeben. Wenn er uns aber seinen Sohn geschenkt hat, wird er uns dann nicht auch alles andere schenken?
Römer 8,32

Fund-Sache: Geschenk, Glaube, Lebensweg

Ansichts-Sache

Es kann einem schon mal der Schweiß ausbrechen, wenn man im Bus oder Zug sitzt und die Fahrkartenkontrolle im Anmarsch ist, man aber seinen Fahrschein nicht findet. Dabei war der doch gerade noch in der Jackentasche! Oder war es die andere Tasche? Oder im Geldbeutel? Oh Mist, zu Hause vergessen ...! Eine Fahrt ohne Fahrschein kann teuer werden: Weil man sich eine Leistung erschlichen hat, ohne dafür zu bezahlen, gilt das als Straftat.

Reisen war früher nicht so bequem wie heute. Hauptsächlich ging man zu Fuß. Wer ein Reittier besaß, kam etwas schneller voran. 1610 fuhr die erste Postkutsche, die Wege waren allerdings nicht gerade gut und Kutschen kamen nur langsam voran. Erst 1820 war die Reise mit der Kutsche schneller als mit dem Reittier. In Deutschland fuhr 1835 die erste Eisenbahn, die auch Personen transportierte. Seitdem haben sich viele verschiedene öffentliche Verkehrsmittel entwickelt. Für die Fahrt muss man einen Fahrschein lösen. Erst waren das handgeschriebene Zettel, aber es dauerte lange, diese auszustellen. Das fand auch Thomas Edmondson, ein englischer Bahnstationsvorsteher. Er entwickelte eine Maschine, die vorgefertigte Zugabschnitte auf Pappstreifen in verschiedenen Farben für verschiedene Klassen druckte. Diese Edmondsonschen Fahrscheine setzten sich überall durch und waren bis in die 1980er Jahre auch in Deutschland üblich, bevor sie von Fahrkartenautomaten abgelöst wurden. In den letzten Jahren beginnen einzelne Städte damit, die Fahrt in ihrer Stadt kostenlos anzubieten. Luxemburg ist das erste Land weltweit, in dem seit 2020 der Nahverkehr kostenlos ist.

Wenn man sich den Lebensweg wie einen echten Weg vorstellt, auf dem es darum geht, von einem Punkt zum anderen zu kommen, dann sind wir wie Passagiere unterwegs. Es gibt Berge und Täler, die wir irgendwie meistern müssen. Das kann oft ganz schön anstrengend und mühsam sein. Und manchmal fehlt uns auch die Kraft weiterzugehen. Gut ist es, wenn man Weggefährtinnen und Weggefährten dabeihat, die einen unterhalten und motivieren weiterzugehen. Aber auch sie biegen irgendwann ab und können uns nur bedingt helfen, unser Lebensgepäck zu tragen. Gott bietet uns eine kostenlose Mitfahrgelegenheit an. Wir müssen nichts dafür bezahlen, können einfach nur einsteigen, unsere Last dort ablegen und mit Gott gemeinsam ans Ziel kommen. Manche können nicht glauben, dass die Fahrt nichts kostet. Sie wollen nur einsteigen, wenn sie den Fahrtpreis dafür bezahlen oder abarbeiten dürfen. Andere fühlen sich nicht gut genug, um einzusteigen und gehen lieber zu Fuß. Aber Gott hat seinen Sohn dafür bezahlen lassen und uns die Freifahrt geschenkt! Mit ihm können wir gemeinsam die Berge und Täler unseres Lebens durchfahren. Die gibt es trotzdem. Aber wir sind nicht allein, sondern werden dabei von Gott unterstützt. Und kommen so sicher am Ziel an.

Tat-Sache

Weil Gott dich beschenkt, kannst du anderen Geschenke machen, und das nicht nur an Weihnachten. Geschenke müssen auch gar nicht teuer sein. Eine Einladung zu einem Eis, etwas Selbstgebasteltes, etwas Ausrangiertes aus deinem Zimmer oder einen Gutschein für deine Mithilfe im Haus oder Garten kann anderen Menschen eine Freude machen.

Fitnessgerät

Prüft aber alles und behaltet das Gute.
1. Thessalonicher 5,21

Fund-Sache: Individualität, Nachfolge, Wahrheit

Ansichts-Sache

Vielleicht gehörst du zu den 9,2 Millionen Deutschen, die Mitglied in einem Fitnessstudio sind. Über 60% trainieren wöchentlich, 7% sogar täglich (Stand 2021). Das Sportmachen an Geräten erfreut sich immer größerer Beliebtheit. Das Drücken, Ziehen, Treten oder Stemmen dient dem Muskelaufbau und der Ausdauer, ist unabhängig vom Wetter und meist zu jeder Uhrzeit möglich. Denn eine kleinere Auswahl an Fitnessgeräten auch für zu Hause gibt es zu erschwinglichen Preisen zu kaufen.

Entwickelt hat die ersten Fitnessgeräte der schwedische Arzt und Physiotherapeut Gustaf Zander mit dem Ziel, einzelne Muskelgruppen besonders zu stärken. In einer eigenen Lehranstalt ließ er ab 1864 seine selbst entwickelten Geräte testen, die ab 1877 industriell hergestellt wurden. Zander ging auf Reisen und gründete in London und New York weitere Filialen. Von dort aus verbreitete sich die Idee über die ganze Welt und fand auch den Weg nach Deutschland. „Zandern", wie man einen Besuch im Fitnessstudio Anfang des letzten Jahrhunderts nannte, wurde zum Trend. Nach dem Ersten Weltkrieg wurden die Geräte eingesetzt, um Kriegsverletzte in ihrer Genesung zu unterstützen. Die Fitnessgeräte verloren ihr Ansehen in der schicken Gesellschaft, niemand arbeitete freiwillig mit einem Fitnessgerät, das auch „Krüppel" benutzten. Erst seit den 1980er Jahren ist Fitness mit Geräten wieder modern und erfreut sich stetig wachsender Mitgliederzahlen.

Im Fitnessbereich kann sich jede und jeder das eigene Programm zusammenstellen, je nach Bedürfnis oder Ziel. Egal ob Rücken, Po oder Beine gefördert werden sollen, für alles gibt es ein Gerät, das auf die entsprechende Muskelgruppe abgestimmt ist. Und damit hat es einiges mit unserem christlichen Glauben gemeinsam. Denn auch hier sind die Bedürfnisse und Ziele sehr unterschiedlich. So kann man sich Gott auf sehr unterschiedliche Art und Weise nähern. Egal ob gelesen und geforscht, musiziert und getanzt, gemalt und gestaltet wird, alles ist möglich, um seinen Glauben, seine Fragen und Zweifel vor Gott auszubreiten. Was die einen als Quatsch oder Unsinn abtun, ist für andere eine tiefe Gotteserfahrung.

Aber wie die ausschließliche Nutzung eines einzigen Fitnessgerätes für nur eine Muskelgruppe irgendwann zu Fehlhaltungen führt, so ist auch in unserem Glauben das Zusammenspiel von verschiedenen Wegen zu und mit Gott notwendig. Wer zum Beispiel die Bibel nur für sich allein liest, dem fehlt die Rückmeldung, Korrektur und Erfahrung der anderen. Wer sich nur das anhört, was andere über Gott sagen, dem fehlt das eigene Entdecken und die persönliche Begegnung mit Gott. Wie unsere Muskeln im Zusammenspiel einen gesunden Körper unterstützen, so brauchen wir auch in unserer Gottesbeziehung ein Gleichgewicht von Stille und Austausch, Kunst und Theorie, Begegnung mit anderen und Zwiesprache mit Gott.

Tat-Sache

Tausche dich mit anderen darüber aus, wie sie mit Gott in Kontakt kommen und ihren Glauben ausdrücken. Probiere selbst eine Methode aus, die dir völlig fremd erscheint (Bibelverse auswendiglernen, Bild malen, Anbetungstanz, theologische Diskussion anhören/lesen) und entdecke, was dabei anders und trotzdem gut ist.

Geldbeutel

Die Liebe besteht nicht darin, dass wir Gott geliebt haben, sondern dass er uns geliebt hat. Er hat seinen Sohn gesandt. Der hat unsere Schuld auf sich genommen und uns so mit Gott versöhnt.
1. Johannes 4,10

Fund-Sache: Identität, Liebe Gottes, Vergebung

Ansichts-Sache

Den Geldbeutel zu verlieren ist schon eine sehr ungünstige Sache. Oft ist es nicht nur das Geld, dem wir hinterhertrauern, sondern auch all die anderen wichtigen Dinge, die im Geldbeutel sind: Ausweise und Bankkarten, aber auch so manche Erinnerung, zum Beispiel die Karte vom letzten Kinobesuch. Und mit der Zeit füllt sich der Geldbeutel auch mit unnötigen Dingen wie Kassenbons oder abgelaufenen Rabattscheinen. Auch das Kleingeld wird immer mehr, bis der Geldbeutel bald aus allen Nähten platzt.

Es ist spannend, einen Blick in den Geldbeutel anderer zu werfen, sich die Passfotos anzuschauen und darin zu stöbern, was ihnen so wichtig ist, dass sie es immer mit sich herumtragen. Bei Unfällen hilft der Geldbeutel bei der Identifikation von Opfern. Darum ist es gut, wichtige Informationen über sich im Geldbeutel zu haben. Solche Geldbeutel, die mehr sind als nur ein Aufbewahrungsort für Geld, haben sich erst im letzten Jahrhundert entwickelt. In Deutschland wurden Geldscheine erstmals 1909 zum Bezahlen verwendet. Bis dahin trug man Münzen in einem Lederbeutel am Gürtel oder unter der Kleidung, um sie vor Dieben zu schützen.

Der Geldbeutel als Ganzes gibt Auskunft über unsere Identität, über Erlebtes, über unsere Hobbys, über unsere Finanzkraft, über unsere erworbenen Fähigkeiten. Taschendiebe, die unseren Geldbeutel in die Finger bekommen, nehmen sich nur das heraus, was sie brauchen. Alles andere ist für sie wertlos und wird weggeworfen oder zurückgelassen, hat für uns aber eine große Bedeutung.

Manchmal kann der Eindruck entstehen, dass andere Menschen ähnlich mit uns umgehen wie Taschendiebe mit einem Geldbeutel. Sie mögen uns nicht als Gesamtpaket, sondern nehmen nur das, was ihnen passt und nutzt: Hausaufgaben abschreiben, Geld für ein Pausenbrot, Informationen über Unterricht und Klassenarbeiten.

Ganz anders ist Gott. Er sieht uns komplett wie einen gefüllten Geldbeutel. Und er liebt alles daran. Er liebt uns so sehr, dass er auch mit dem klarkommt, was wir an Schwierigem und Schwerem mit uns herumtragen. Den Streit mit der Freundin, an dem wir unseren Anteil haben, und die kleine Lüge im Unterricht, um uns vor einer Sechs zu retten, stoßen ihn nicht ab. Und auch dass wir Gott manchmal vergessen oder uns nicht trauen, vor anderen zu ihm zu stehen, mindert nicht seine Liebe zu uns. Im Gegenteil: Wo wir an Gott und anderen schuldig geworden sind, hat Jesus für uns bezahlt. Er schenkt uns die Vergebung.

Gott liebt dich als ganze Person mit Stärken und Schwächen, Freude und Angst, Glauben und Zweifel. Er tut das einfach so, ohne dass du etwas dafür bezahlen musst. Weil du ihm wertvoll bist!

Tat-Sache

Füge deinem Geldbeutel einen weiteren Zettel hinzu. Notiere diesen Bibelvers oder ein anderes Versprechen Gottes auf einen Karton im Scheckkartenformat und trage ihn in deinem Geldbeutel. Erinnere dich immer wieder daran, dass Gott dich komplett liebt.

Gurke

Was seid ihr nur für eine ungläubige und verkehrte Generation! Wie lange soll ich noch bei euch bleiben? Wie lange soll ich euch noch ertragen?
Matthäus 17,17

Fund-Sache: Fehler, Glaube, Vertrauen

Ansichts-Sache

Wenn es im Fußball nicht so läuft und die Spielerinnen und Spieler ständig den Ball verlieren oder das Tor nicht treffen, dann ist schon mal von einer „Gurkentruppe" die Rede. Auch ein altes Auto, das sehr reparaturbedürftig ist, nennt man „Gurke". Dabei sehen weder die Fußballer noch das Auto aus wie eine Gurke. Warum also Menschen und Autos als „Gurke" bezeichnet werden, wenn sie nichts taugen, wissen wir nicht. Dass es aber als Schimpfwort verwendet wird, kennen wir auch aus der Türkei. Dort wird jemand als „Sohn einer Gurke" bezeichnet, wenn man ihn als Mann beleidigen will. Dabei ist die aus Indien stammende Gurke ein beliebtes Gemüse. In den Jahren 2020/21 wurden in Deutschland 625.000 Tonnen Gurken verzehrt. Die meisten (79,8%) wachsen in China, aber Mexiko, Spanien und die Niederlande sind die größten Gurken-Exporteure.

Die Leute, die mit Jesus unterwegs waren, glichen manchmal auch einer Gurkentruppe. Sie hatten bei Jesus gelernt und zugesehen, wie er Menschen heilte, böse Geister austrieb, Menschen satt machte und von Gottes Liebe erzählte. Und dann schickte er sie in die Städte und Dörfer, um dies alles in seinem Namen auch zu tun. Er gab ihnen Kraft und Vollmacht dazu. Sie hatten die Erfahrung gemacht, dass im Namen Jesu so vieles möglich ist! Doch dann war Jesus einmal nicht da, und als er wieder zu ihnen zurückkam, fand er sie als Gurkentruppe vor. Was war passiert? Ein Vater brachte sein krankes Kind zu ihnen, aber sie konnten es nicht heilen. War der Zauber verflogen, die Vollmacht beendet? Jesus war sichtlich genervt, sprach mit dem Vater, heilte das Kind.

„Warum sind wir eine Gurkentruppe?", fragten die Jüngerinnen und Jünger hinterher. „Weil ihr mir nicht genug vertraut. Wenn euer Glaube auch nur so groß wie ein Senfkorn wäre, könntet ihr Berge versetzen." Es war also nicht das Können der Jüngerinnen und Jünger, das hier gefragt war. Es war auch kein falsches Wort, das sie verwendeten, oder die Hand, die sie in einem falschen Winkel auf das kranke Kind gelegt hatten. Es war der Glaube, dass Gott dieses Kind heilen könnte, der ihnen fehlte.

Gern verlassen wir uns auf unsere eigenen Kräfte, darauf, dass wir alles schaffen, schon alles hinbekommen werden. Schließlich sind wir ja nicht doof! Und doch kommen wir in unserem Leben immer wieder an Stellen, wo wir nur Gurkensalat produzieren. Ein versöhnliches Gespräch misslingt, wir lassen uns treiben und haben nicht den Mut, für Gott einzustehen. Wir werden unehrlich, auch zu uns selbst, und verstricken uns in Lügen. Erstaunlich ist, dass Jesus seine Jüngerinnen und Jünger trotz allem beauftragt, nach seiner Auferstehung in der ganzen Welt von ihm zu erzählen. Bis heute tut er das. Er traut auch dir etwas zu, obwohl manches nicht gelingt. Allein der Glaube macht den Unterschied. Ob man deshalb Gurken mit Senfkörnern einlegt, um uns Gurken an unser Vertrauen auf Gott zu erinnern, bleibt eine ungelöste Frage.

Tat-Sache

Aus Gurken kann man viele leckere Snacks herstellen: Suppe, Rohkost mit Dip, in Scheiben geschnitten auf Baguettes ... Lass es dir schmecken! Und vergiss nicht, dass Jesus auch mit Gurken etwas anfangen kann.

Gutschein

[Der Menschensohn] ist gekommen, um anderen zu dienen und sein Leben hinzugeben als Lösegeld für viele Menschen.
Markus 10,45

Fund-Sache: Geschenk, Jesus, Weihnachten

Ansichts-Sache

Wenn man keine gute Idee für ein Weihnachtsgeschenk hat, dann greift man gern zu einem Gutschein. Egal ob Buchladen, Drogeriemarkt oder Onlineshop – das Prinzip ist immer dasselbe: Jemand hat vorausgezahlt, damit ich eine Dienstleistung nutzen kann, zum Beispiel bei Streamingdiensten oder Onlinespielen. Oder ich kann mir mit dem Gutschein aus dem Sortiment des Anbieters etwas im Wert des Gutscheines aussuchen, zum Beispiel Bücher, Kosmetikartikel oder Kleidung. Beliebt ist dieses Prinzip auch bei Handys. Prepaidkarten verhindern, dass es am Ende des Monats zu einer bösen Überraschung kommt, wenn die Rechnung doch viel höher ausfällt als gedacht.

Als Erfinder des Gutscheins gilt Asa Griggs Candler, der als Apotheker und Geschäftsmann an dem Rezept für Cola interessiert war. Er kaufte es 1887 dem Erfinder John Pemperton ab. Um das Getränk bekannt zu machen, verschenkte er handgeschriebene Gutscheine für ein Glas Cola. Wer einen dieser Gutscheine bei ihm abgab, erhielt eine Gratisprobe. Candlers Hoffnung war, dass die Kunden gleich eine ganze Flasche kaufen würden.

Die Idee des Gutscheins wurde bald von anderen Firmen aufgenommen und die USA erlebten eine wahre Flut an Rabattcoupons, die teilweise zwei Drittel der Zeitungen ausmachten. So hatten auch Ärmere die Möglichkeit, sich gewisse Lebensmittel zu leisten. Heute gibt es eine Vielzahl an Gutschein-Apps verschiedenster Firmen, um durch Rabatte die Kunden an sich zu binden.

Jesus beschreibt sich in der Bibel selbst als einen solchen Gutschein. Er hat schon im Voraus für uns bezahlt. Doch wofür? Gott hat uns als gute Menschen geschaffen, die in Einklang mit ihm und seiner Welt leben. Aber das klappt nicht. Zu oft haben wir unseren eigenen Kopf und achten weder auf das, was Gott gut findet, noch was anderen Menschen nutzt. Und auch mit uns selbst gehen wir nicht immer pfleglich um. Wir haben uns selbst zum Gott gemacht und damit das Ziel unseres Lebens verfehlt. Die Auswirkungen sind nicht nur in der Natur zu sehen, sondern auch in zerbrochenen Beziehungen. Und so sehr wir uns auch anstrengen, unser Leben zu ändern und alles wieder in Ordnung zu bringen, wir schaffen es nicht. Wir bleiben Gott etwas schuldig, weil wir nicht so leben, wie wir ursprünglich gedacht waren. Gott ist heilig, wir sind es nicht. Und so ist auch eine Beziehung zu Gott unmöglich geworden.

Mit seinem Tod am Kreuz hat Jesus für unser Versagen bezahlt. Er hat uns damit einen Gutschein ausgestellt, der es uns möglich macht, mit Gott wieder in Kontakt zu kommen. Unsere Schuld hält uns nicht mehr davon ab, weil Jesus dafür bezahlt hat. Und dieser Gutschein ist gültig bis in alle Ewigkeit.

Tat-Sache

Gutscheine können schön verziert werden. Die Empfänger überrascht es aber, wenn darin zu lesen ist, dass Gott uns das ewige Leben schenkt. Wem kannst du einen solchen Gutschein basteln und darüber mit ihr oder ihm ins Gespräch kommen? Vielleicht beim Einlösen eines Gutscheins für einen gemeinsamen Spaziergang, ein Eis oder eine Tasse heiße Schokolade?

Haarfestiger

Pass auf, Israel, und achte gut auf dein Leben! Vergiss die Ereignisse ja nicht, die du mit eigenen Augen gesehen hast! Behalte sie ganz fest in deinem Herzen dein ganzes Leben lang! Erzähl deinen Kindern und deinen Enkeln davon!
5. Mose 4,9

Fund-Sache: Lebensweg, Treue, Vertrauen

Ansichts-Sache

Wenn die Frisur am Morgen nicht richtig sitzt, dann ist der Tag eigentlich schon gelaufen. Im Schlaf hat sich eine Haarsträhne in die ganz falsche Richtung verabschiedet und lässt sich nicht mehr in die richtige Position kämmen. So kann man nicht aus dem Haus gehen! Da hilft nur noch Haare waschen und neu stylen. Verschiedene Haarfestiger bewirken dabei, dass die Frisur auch den ganzen Tag so bleibt, wie sie es soll.

Höhlenbilder haben gezeigt, dass schon in der Steinzeit Haarfestiger verwendet wurden. Allerdings bestanden die noch aus Schlamm und Fett. Später wurde auch Wachs und Öl verwendet, vermischt mit verschiedenen Düften. Im 18. Jahrhundert bestand Pomade aus Schweineschmalz und war dem Adel vorbehalten. Durch bekannte Schauspieler, Sportler und Musiker wurde Pomade in allen Gesellschaftsschichten beliebt. Das Haarspray wurde 1955 erfunden, um fertig gestylte Frisuren zu fixieren. Der Grundrohstoff ist Schellack, das Sekret der Lackschildlaus. Vermischt mit Pflanzen- und Parfümölen bildet es auf den Haaren einen feinen Film, der schnell trocknet und die Haare vor Wasser und Wind schützt. Heute gibt es vielfältige Produkte, um die Haare zu stylen und die Frisur zu erhalten.

Nicht nur unsere Haare werden vom Wind zerzaust. Auch ein schöner Sommerurlaub, Freundschaften, die unbeschwerte Kindheit, Erinnerungen an die verstorbenen Großeltern drohen zu verblassen und zu verschwinden. Wenn es ein Fixiermittel für unsere Erinnerungen gäbe, wäre es sicher schnell ausverkauft.

Mose hält am Ende seines Lebens noch einmal Rückschau. Er hat mit seinem Volk viel erlebt: Höhen und Tiefen. Das Ende ihrer Sklaverei in Ägypten, aber auch die lange Durststrecke in der Wüste. In all dem hat er immer wieder Gottes spürbare Hand erlebt, die sie nicht allein gelassen hat. Zum Ende seines Lebens fordert er die Menschen dazu auf, all diese Ereignisse zu fixieren. Nun war es damals noch nicht möglich, ein Fotobuch vom Durchzug durchs Meer anzulegen. Nein, Erinnerungen wurden fixiert, indem sie immer wieder erzählt wurden, den Kindern und deren Kindern, um immer wieder an Gottes Treue zu erinnern. Denn Gott war im bewegten Leben von Mose felsenfest an seiner Seite. Und weil Gott derselbe gestern, heute und auch morgen ist, können wir ganz fest davon ausgehen, dass Gott uns auch in unser Morgen begleiten wird. Dabei kann uns die Erinnerung an Gottes Unterstützung in unserem Leben Rückenwind geben, um mutig in den Tag zu starten, auch wenn der ein oder andere Sturm auf uns warten wird. Denn Gott steht fest zu uns!

Tat-Sache

Überlege, wann und wo du etwas mit Gott erlebt hast, sich durch Gebet etwas verändert hat oder eine Entdeckung in der Bibel dich getröstet hat. Erzähle anderen davon. Nicht um zu zeigen, dass du so viel besser glaubst als sie, sondern um die Hoffnung auf den liebenden und handelnden Gott auch in ihrem Leben zu fixieren.

Halskette

Macht vielmehr in eurem Leben deutlich, dass der Herr, Christus, heilig ist. Seid jederzeit bereit, Rechenschaft abzulegen über die Hoffnung, von der ihr erfüllt seid. Denn immer wieder wird man euch auffordern, dafür Rede und Antwort zu stehen.
1. Petrus 3,15

Fund-Sache: Bekenntnis, Hoffnung, Vergebung

Ansichts-Sache

Egal ob unterm Weihnachtsbaum, auf dem Geburtstagstisch, zur Konfirmation oder zum Jahrestag der Beziehung: Eine Halskette ist oft ein gutes Geschenk für Frauen und Männer. Denn Ketten sind nicht nur ein schönes Schmuckstück, sondern oft auch ein Statement: Ein Herz mit eingraviertem Namen gibt bekannt, an wen unser Herz vergeben ist. Mit Perlenketten schmücken wir uns für festliche Anlässe. Manche Ketten haben einen Anhänger, der uns an jemanden erinnert oder mit dem wir unsere Meinung ausdrücken wollen. Einige tragen Ketten als Glücksbringer, die sie bei Klassenarbeiten oder Wettbewerben unbedingt dabeihaben müssen.

Manchmal stellen wir auch fest, dass der Schmuck etwas über die Trägerin oder den Träger aussagt. Filigrane Halsketten bringen wir eher mit stilleren und sensiblen Menschen in Verbindung, zu denen dicke Ketten mit großen Steinen nicht passen würden. Naturverbundene tragen eher einen Anhänger am Lederband, andere die klassische Goldkette. Und viele Menschen tragen ein Kreuz an ihrem Hals. Was hat das für eine Bedeutung?

Das Kreuz war nicht immer das Zeichen der christlichen Gemeinden. Zu Beginn galten die griechischen Buchstaben T und R aus dem Wort „Stamm" oder „Holz" als gemeinsames Zeichen (ein P mit einem Querbalken am senkrechten Strich). Später bildeten die griechischen Buchstaben X und P, die Initialen für Jesus Christus, das

Zeichen der Christen. Erst als die Kreuzigungsstrafe 320 n. Chr. von Kaiser Constantin abgeschafft und das Christentum zur Staatsreligion wurde, setzte sich das Kreuzeszeichen durch.

Das Kreuz als Schmuckstück ist weit verbreitet und nicht unbedingt ein Zeichen dafür, dass die Trägerin oder der Träger es aus religiösen Gründen trägt. Und doch ist es die Möglichkeit, die Person darauf anzusprechen und über den eigenen Glauben ins Gespräch zu kommen. Wie wir einen schönen Kettenanhänger nicht unter dem Pullover verstecken wollen, so werden wir in der Bibel immer wieder dazu aufgefordert, unseren Glauben durch unser Leben und unseren Umgang mit anderen auch praktisch umzusetzen. An unserer Lebensweise soll man uns als Christinnen und Christen erkennen. Das bedeutet nicht nur, sich sozial und für die Umwelt zu engagieren, sondern aus einer Hoffnung zu leben. Hoffnung darauf, dass Gott als Sieger über den Tod die Welt in seinen Händen hält, auch da, wo wir nicht mehr zu hoffen wagen. Und eine Hoffnung darauf, dass dieses Leben nicht alles ist, sondern wir eines Tages im Paradies bei Gott sein werden. So können wir entspannt jeden Tag leben. Welche Hoffnung trägt dich?

Tat-Sache

Ein Kreuz ist auch für dich immer wieder ein Erinnerungszeichen, dass Gottes Hoffnung dich durch den Tag trägt. Aus Holz ausgesägt, zwei Äste zusammengebunden, aus Kokosnussschalen oder Speckstein gefeilt, kann es dich als Handschmeichler oder zum Aufstellen auf den Schreibtisch jeden Tag an Jesus erinnern.

Hamburger

Ich bin das Brot des Lebens. Wer zu mir kommt, wird nicht mehr hungern. Und wer an mich glaubt, wird nie mehr Durst haben.
Johannes 6,35

Fund-Sache: Anerkennung, Freiheit, Jesus

Ansichts-Sache

Der Hamburger gehört zu den beliebtesten Fast-Food-Gerichten weltweit. Woher der Hamburger seinen Namen hat, ist nicht genau zu sagen. Möglicherweise wurde der Burger nach den deutschen Auswanderern benannt, die in Hamburg mit dem Schiff in Richtung USA ablegten und von dort die Zubereitung der Frikadelle mitbrachten. Möglich ist auch, dass sich der Name auf einen seit 1869 bekannten Vorläufer aus Hamburg bezieht: einen Imbiss namens „Rundstück warm", bestehend aus einer warmen Scheibe Rind- oder Schweinebraten, das mit Soße in ein rundes Brötchen gelegt wird. Oder der Name bezieht sich auf das Rindfleisch, das mit dem Schiff aus Hamburg in die USA importiert wurde. Die Methode, Fleisch in ein Brötchen zu legen, ist aber viel älter. Schon seit 2.000 Jahren wird in China eingelegtes und stundenlang gekochtes oder gedünstetes Fleisch in einen Brotfladen gelegt und gegessen.

Ein Hamburger liefert die Energiemenge einer Hauptmahlzeit für einen Erwachsenen. Doch weil ein Hamburgerbrötchen schnell verdrückt ist, dehnt sich die Magenwand nicht ausreichend aus, sodass wir uns erst mal nicht satt fühlen. Verstärkt wird dieses Gefühl durch das helle Mehl, aus dem die Brötchen bestehen. Die Stärke des hellen Mehls wird schon im Mund aus dem Brot gelöst und in die Blutbahn gegeben, sodass wir sofort einen Energieschub in Form von Traubenzucker erhalten. Durch den hohen Zuckergehalt produzieren wir viel Insulin, das den Blutzucker senken soll. Niedriger Blutzucker sorgt direkt wieder für Hunger. Das Ergebnis: Wir essen viel, werden aber trotzdem nicht satt.

Hunger kennen wir nicht nur von unserem Magen, auch unsere Seele hat Hunger. Wir sehnen uns nach Anerkennung und nach Liebe. Wir wollen so geliebt werden, wie wir sind – auch von uns selbst. Und dabei sind wir mit uns selbst oft nicht zufrieden, sondern versuchen uns in Selbstoptimierung. Wir bemühen uns um die Aufmerksamkeit und Zuwendung anderer. Und wenn wir sie bekommen, reicht uns das selten, wir wollen immer mehr davon. Dieser Hunger scheint unstillbar zu sein.

Jesus vergleicht sich mit einem Brot, das für immer satt macht. Ein Brot, das nicht wie ein Klumpen schwer im Magen liegt und bis in alle Ewigkeit verdaut werden muss. Sondern ein Brot, das uns für jeden Tag die Energie gibt, die wir brauchen. Er ist die Kraftquelle. Das kann er von sich behaupten, weil er durch sein Leben und Sterben gezeigt hat, wie wichtig wir ihm sind. So wichtig, dass er mit seinem Leben dafür bezahlt hat, damit wir befreit werden: von unserer Selbstverurteilung, von dem Zwang, perfekt sein zu müssen, frei von Hass und Wut gegen uns und andere. Frei, um mit Gott in Kontakt zu sein und bei ihm alles abgeben zu können, was uns heute das Leben schwer macht. Gott stillt unseren Lebenshunger mit der Fülle seiner Geschenke, die niemals ausgehen.

Tat-Sache

Gebratenes Rindhackfleisch oder Getreidebratlinge in einem selbstgebackenen (Vollkorn-)Brötchen, garniert mit Salat, Tomate, Gurke und Ketchup oder Mayonnaise kannst du genießen und dabei mit Gott darüber ins Gespräch kommen, wonach du dich sehnst.

Handyhülle

Von hinten und von vorn hast du mich umfasst und hast deine Hand auf mich gelegt.
Psalm 139,5

Fund-Sache: Geborgenheit, Schutz, Vertrauen

Ansichts-Sache

Wer sein Smartphone versehentlich fallen lässt, wird sich spätestens dann ärgern, dass er keine Handyhülle verwendet hat. Denn die soll das teure Gerät schützen. Das klappt unterschiedlich gut. Verschiedene Varianten versprechen jedenfalls einen Rundumschutz. Da gibt es die Hard- oder Softcases, die aus Plastik oder Silikon hergestellt sind. Bumper sind dicker als das Smartphone und können so eine Berührung mit dem Boden vermeiden. Flip-Cases umschließen das ganze Smartphone und schützen so auch das Display. Slim-Cases sind sehr eng und aus Neopren, wogegen Handybeutel oder -socken locker sitzen und aus Stoff sind.

Handyhüllen sind meist mehr als nur ein Schutz. Mit schönen Motiven versehen oder Stickern beklebt geben sie auch ein Statement ab, was der Besitzerin oder dem Besitzer wichtig ist. Praktisch als Aufbewahrung für einen Reservegeldschein, die Busfahrkarte oder die Bankkarte ist die Handyhülle multifunktional einsetzbar. Trotz dieser vielen Funktionen nutzen 9% keine Handyhülle. Sie haben dann zwar das schöne Design in der Hand, das meist viel dünner ist als ein geschütztes Smartphone, aber später auch den Ärger, wenn es unfreiwillig Kontakt mit dem Boden aufgenommen hat.

Nicht nur Smartphones können Risse bekommen, auch unser Leben ist vor Stürzen, Tiefs und Verletzungen nicht geschützt. Ob wir uns dabei selbst in eine schwierige Lage bringen, weil wir falsche Entscheidungen getroffen haben, die zu Streit und Leid führen, oder ob „das Leben" uns einiges durch Krankheit oder Pech auflädt, spielt dabei keine Rolle. Wir sind so verletzlich wie ein ungeschütztes Smartphone. Nicht alle Risse kann man von außen sehen. Manche Verletzung liegen auch tief in uns verborgen und sind für andere, und manchmal auch für uns selbst, nicht sichtbar wie ein kaputter Lautsprecher beim Smartphone. Was tun? Schließlich gibt es keine Hülle für unser Leben.

Die Person, die Psalm 139 betet, hat die Erfahrung gemacht, dass Gott ihr Leben wie eine Schutzhülle umgibt. Sie ist sich sicher, dass Gott größer und stärker ist als alle Nöte dieser Welt. Seine Hand umgibt auch uns und hält uns. In der Theorie klingt das gut, aber wie soll das praktisch funktionieren? Sind wir Menschen in Gottes Hand vor Schicksalsschlägen bewahrt? Nein! Auch wir stürzen ab und werden verletzt. Aber in all diesen Stürzen sind wir nicht allein. Der allmächtige Gott ist an unserer Seite. Er geht mit uns hinab in die Tiefe und versteht darum, wie wir uns fühlen. Wir können es ihm sagen, denn niemand versteht uns besser als er. Aber Gott bleibt nicht machtlos am Boden liegen. Er kann Verletzungen heilen, uns trösten, uns vergeben, uns wieder aufhelfen. Er schenkt unserem Herzen Frieden über die Situation und neuen Lebensmut. Gott schützt uns nicht vor dem Leben, das eben auch Schwierigkeiten beinhaltet, sondern ist in all dem dabei und bietet sich als Gesprächspartner und Heraushelfer an. Es lohnt sich, sich in seine Hand zu begeben.

Tat-Sache

Wenn es uns nicht gut geht, kommen wir nicht unbedingt auf die Idee, noch an Gottes Macht zu glauben und mit ihm zu reden. Welcher Bibelvers oder Spruch kann dir dabei helfen, dich daran zu erinnern? Gestalte ein Kärtchen damit und befestige es sichtbar in deiner Handyhülle.

Jeans

Jesus Christus ist derselbe – gestern und heute und für immer.
Hebräer 13,8

Fund-Sache: Liebe Gottes, Treue, Zukunft

Ansichts-Sache

Es gibt ein Kleidungsstück, das alle tragen und das in fast jedem Kleiderschrank zu finden ist: die Jeans. Ihre Entstehung wird dem deutschen Auswanderer Levi Strauss zugeschrieben, der 1847 nach dem Tod seines Vaters als 18-Jähriger mit seiner Familie nach New York auswanderte. Dort stieg er in das Textilgeschäft seiner Brüder ein. Als wenige Jahre später der Goldrausch das ganze Land in Bewegung brachte, zog er nach San Francisco um und verkaufte Kleidung an die Goldgräber. Bald stellte er fest, dass die Goldgräber stabilere Hosen mit festen Hosentaschen benötigten. Der Schneider Jacob Davis hatte die Idee, die Taschen mit Nieten zu verstärken. Statt des Segeltuchs verwendeten sie festeren Stoff aus Nîmes (daher der Name Denim) und meldeten ein Patent für ihre Hosen an. In den ersten Monaten verkauften sie 6.000 Hosen. Heute beschäftigt der Levi-Strauss-Konzern über 14.000 Menschen. Nach Deutschland fanden die Jeans ihren Weg erst nach dem Zweiten Weltkrieg durch die amerikanischen Soldaten. Die Jeans hat sich seit ihrer Entstehung in Form und Farbe oft verändert: Schlaghosen, Röhrenjeans, Karottenjeans, Skinny, Shaping, Baggy oder Jogging. Immer war eine andere Form oder Farbe in Mode. Und doch ist es immer eine Jeans geblieben.

Die Geschichte des christlichen Glaubens umfasst mehrere Jahrtausende. Kein Wunder, dass sich die Berichte über Erlebnisse mit Gott immer wieder anders darstellen. Für jede Generation und für jedes Volk war etwas anderes wichtig, weil die Lebenssituation immer eine andere war. Eins aber ist gleichgeblieben: Gott! Er ist derselbe – gestern, heute und für immer. Wenn wir in der Bibel lesen, dann können wir etwas darüber erfahren, wie Gott ist. Manches davon ist vielleicht nicht ganz verständlich oder stößt uns vielleicht sogar ab. Einiges lässt sich mit der Zeitgeschichte erklären, anderes wird uns einfach verborgen bleiben. Aber wir finden dort Geschichten darüber, wie Menschen Gott erlebt haben. Sich heute mit Menschen über ihren Glauben auszutauschen, erweitert ebenfalls unser Bild von Gott. Wenn es uns gerade nicht so gut geht oder wir das Gefühl haben, unser Gebet bleibt an der Decke kleben, dann tut es gut, von anderen zu hören, wie Gott ihr Gebet erhört hat. Denn es ist derselbe Gott, der sich auch meine Gebete anhört, nur eben anders antwortet.

Wir können uns auf Gott verlassen. Denn in der Geschichte hat er gezeigt, dass er mächtig ist, sogar mächtiger als der Tod. Er ist voller Liebe für uns. Wie Gott war, so wird er auch in Zukunft sein. Wie eine Jeans ändern wir vielleicht unsere Mode, singen andere Lieder, haben eine neue Bibelübertragung oder entwickeln andere Rituale. Aber Gott wird auch in Zukunft an deiner Seite sein!

Tat-Sache

Aus alten Jeans kannst du neue Sachen basteln, z. B. ein Lesezeichen für die Bibel: Zwei Stoffstücke in Herzform werden von Hand zusammengenäht und mit Füllwatte ausgestopft. Ein Band befestigen – und fertig. Dieses Buchzeichen kann dich an die beständige Liebe Gottes erinnern. Noch mehr Ideen findest du reichlich im Internet, zum Beispiel hier: www.bastelfrau.de/50-ideen-was-man-mit-alten-jeans-anfangen-kann.

Kaffee

Ich aber will ein Lied singen über deine Stärke! Am Morgen will ich jubeln über deine Güte! Denn du bist für mich eine feste Burg, ein Zufluchtsort am Tag meiner Not. Meine Stärke, dir will ich ein Lied spielen! Ja, Gott ist meine feste Burg, mein guter Gott!
Psalm 59,17-18

Fund-Sache: Dankbarkeit, Kraft Gottes, Loblied

Ansichts-Sache

Wenn das Aufstehen am Morgen schwerfällt, die Gedanken in der Schule ständig abschweifen und die Energie für die nächste Aufgabe fehlt, dann kann ein Kaffee wahre Wunder wirken. Das in ihm enthaltene Koffein blockiert im Gehirn die Nervenzellen, die den Körper vor Überanstrengung schützen und die Reaktion verlangsamen. Durch diese Blockade werden gleichzeitig auch Glückshormone freigesetzt, die uns Energie und Motivation für unsere Aufgaben schenken. Allerdings baut sich das alles nach ein paar Stunden wieder ab und wir brauchen einen neuen Schub oder einen entspannten Schlaf.

Die Kaffeepflanze stammt ursprünglich aus Afrika, vermutlich aus Äthiopien. Die roten Früchte wurden von der Bevölkerung lange nicht beachtet, bis ein paar Hirten bemerkten, dass einige Ziegen bis spät in die Nacht aufgeweckt herumsprangen, während alle anderen schon schliefen. Als sie deren Futterstelle genauer betrachteten, entdeckten sie den Kaffeestrauch. Mit der Kolonialisierung sind sowohl die Pflanzen als auch die Kaffeebohnen um die Welt gereist. Heute werden in Brasilien die meisten Kaffeebohnen geerntet, in Deutschland werden weltweit die meisten Bohnen geröstet und weiterverkauft. Die Kaffeebauern verdienen dabei leider nicht viel. Es lohnt sich, sich hier zu informieren, mit welchem Produkt man sich für fairen Handel einsetzen kann.

Mittlerweile ist Kaffee nicht mehr nur ein Getränk zum Wachmachen. In manchen Cafés wird das Getränk von einer/einem Barista mit gemustertem Milchschaum und einem Keks auf der Untertasse zelebriert. Mit netten Freundinnen und Freunden in einem gemütlichen Café einen so liebevoll hergestellten Kaffee zu trinken, weckt die alten Lebensgeister. Aber auch da wird irgendwann Feierabend gemacht. Was gibt uns Kraft, die beständig bleibt?

In den Versen des 59. Psalms wird nicht auf den Kaffee ein Loblied gesungen, sondern auf Gott, der Kraft und Stärke gibt. David, dem dieser Psalm zugeschrieben wird, hatte Anfeindungen durch König Saul erlebt, musste fliehen und zweifelte sicher manchmal an Gottes Entscheidung, dass er einmal König sein sollte. In all den Schwierigkeiten hat er Gott als seine Kraft erlebt, die ihn schon am Morgen wach macht und ihm Motivation für den Tag schenkt.

Es ist nicht die Tasse Kaffee, die uns helfen kann, wenn ein schwieriges Gespräch ansteht. Und auch die Konzentration für eine Klassenarbeit ist durch einen Becher Kaffee zeitlich begrenzt. Mit Gott haben wir den Mächtigsten an unserer Seite, der seine Kraft nicht für sich behalten will, sondern sie großzügig an uns abgibt. Im Gebet können wir ihn darum bitten. So können wir tatsächlich schon am Morgen jubeln, weil uns kein Problem begegnen wird, das für Gott zu groß ist.

Tat-Sache

Wie könnte sich ein Loblied anhören, das du über Gott singst? Es geht dabei nicht um musikalisches Talent oder eine schöne Stimme, sondern um dein Herz, das sich bei Gott bedanken will. Schreibe wie die Psalmbeterinnen und Psalmbeter vor langer Zeit ein Gedicht, ein Poetry Slam oder einen Raptext, in dem du dir bewusst machst, dass Gottes Kraft dir Energie für den Tag schenkt. Lege den Zettel neben dein Bett oder zu deinen Schulsachen, um gleich am Morgen an Gottes Kraft erinnert zu werden.

Kalender

Ich aber vertraute auf dich, Herr. Ich bekannte: Du bist mein Gott! Meine Zukunft liegt in deiner Hand.
Psalm 31,15-16a

Fund-Sache: Angst, Vertrauen, Zukunft

Ansichts-Sache

„Hast du morgen Zeit?“ – Eine Frage, die sich nicht so einfach beantworten lässt. Denn wer kann schon in die Zukunft schauen? Manchmal ist es gut, seine Zeit zu planen. Ab wann lerne ich für eine Klassenarbeit? Wann treffe ich mich mit meinen Freundinnen und Freunden? An welchem Wochenende steht der Besuch bei Oma und Opa an? Wer seinen Kalender führt, hat einen Überblick über die kommenden Termine, die von einem selbst oder von anderen festgelegt wurden. Das kann entspannen, weil man gut vorbereitet ist, aber auch stressen, wenn man die vielen Termine und Aufgaben sieht. Hilft dir ein Kalender für deine Planung?

Das Wort „Kalender“ stammt vom lateinischen Begriff „calendarium“ ab, der gar nichts mit Wochentagen zu tun hatte. Es handelte sich um ein Schuldbuch, in das alle finanziellen Verpflichtungen eingetragen wurden. Am ersten Tag des Monats wurde daraus vorgelesen. Alle waren verpflichtet, ihre Schuld zu bezahlen. Es war auch möglich, sich an diesem Tag Geld für den Monat zu leihen. Die Tage in Monate einzuteilen, ist schon aus den frühen Hochkulturen vor 7.000 Jahren bekannt, die sich an den Mondphasen orientiert haben. Später entstanden Kalender, die sich am jeweiligen Sonnenstand orientierten. Mond- und Sonnenkalender sind heute noch üblich, wobei sich weltweit der gregorianische Sonnenkalender durchgesetzt hat. Das Osterfest wird aber immer noch nach dem Mondkalender terminiert, dem ersten Sonntag nach dem ersten Vollmond im Frühling.

Während die einen Zukunftspläne schmieden und schon lange wissen, was sie mal nach der Schule machen werden, sind die anderen überfordert mit den vielen Optionen, haben keinen Plan und die Zukunft macht ihnen Angst. Für die einen wie für die anderen gilt aber: Unser Leben liegt in Gottes Hand. Natürlich können wir durch einen gesunden Lebensstil dazu beitragen, dass unser Körper lange fit bleibt und alt wird. Aber wir haben es nicht in der Hand, wie lange wir leben werden. Einen Unfall kann man auch mit Vollkornkost nicht verhindern. Alles Planen hilft dabei nicht. Genauso wenig wie unsere Sorgen etwas an unserer Lebenslänge verändern.

Die Person, die den Psalm betet, weiß, dass ihr Leben in Gottes Hand liegt. Auch in allen Schwierigkeiten vertraut sie auf Gott, dass er das letzte Wort reden wird. Das hilft ihr, nicht verrückt zu werden in all der Gefahr, der sie ausgesetzt ist. Ein Vertrauen darauf, dass unsere Zukunft von Gott geleitet und begleitet wird, kann uns entspannen, wenn wir die vielen Entscheidungen sehen, die wir für unsere Zukunft zu treffen haben. Zwar sind wir es, die unser Leben durch unsere Entscheidungen selbst gestalten, aber Gott ist derjenige, der mit Liebe auf unser Leben sieht und die Zukunft schon kennt. Und mit jemandem unterwegs zu sein, der sich auskennt, ist immer gut und beruhigend.

Tat-Sache

Es gibt viele gute Tools, mit denen man seine Woche strukturieren und übersichtlich halten kann. Probiere aus, womit du am entspanntesten durch deine Termine kommst. Und sei dir bewusst, dass Gott mit dabei ist. Ein Gebet am Beginn des Tages, bei dem du ihm alle Termine in seine Hände legst, kann dir dabei helfen.

Kastanie

Du bist ein Gott, der mich sieht.
1. Mose 16,13 (LU)

Fund-Sache: Begabung, Geschenk, Individualität

Ansichts-Sachen

Mit Kastanien verbinden viele ihre Erfahrungen in der Kindheit, als sie mithilfe von Streichhölzern und Handbohrern Kastanienfiguren gebastelt haben, die mehr oder weniger gut stehen konnten. Gern wurden sie auch als Wurfobjekt verwendet, was nicht überall auf Gegenliebe stieß. Manche Förster oder auch Firmen rufen dazu auf, Kastanien für die Wildtiere zu sammeln. Die Kastanie ist mit einer stacheligen Hülle umgeben, die sie vor Fressfeinden, Feuchtigkeit und Hitze schützt. Erst wenn die Kastanie reif ist, wird die Hülle braun und öffnet sich, damit die Kastanie herausfallen kann.

Die Kastanien, über die wir hier reden, sind eigentlich gar keine Kastanien. Sie sehen nur so aus wie die Esskastanien, auch bekannt als Maronen, die man auf dem Weihnachtsmarkt kaufen kann. Wegen der äußeren Ähnlichkeit heißen sie aber dennoch Kastanien. Diese Nicht-Kastanien wurden von den Osmanen als Pferdefutter mitgenommen und erhielten daher ihren Namen Rosskastanie. So kamen sie auch nach Mitteleuropa und wurden hier heimisch. Im Gegensatz zur Esskastanie, die zur Familie der Buchen gehört, ist die Rosskastanie ein Seifenbaumgewächs. Aus ihr kann man recht einfach Waschmittel herstellen und damit sehr ökologisch die Kleidung reinigen. Außerdem kann man sie als Zahnpasta, als Duschgel oder Shampoo, für eine Gesichtsmaske, für ein Massage-Gel und als Mittel gegen Blattläuse verwenden. Eine Rosskastanie kann also viel mehr, als einfach nur in einem Park Schatten zu spenden.

Manchmal geht es uns wie der Rosskastanie: Wir werden von anderen auf eine einzige Eigenschaft oder auf ein einziges Hobby reduziert. „Ah, das ist der, der so gut Fußball spielt oder die, die so gut malen kann", heißt es dann. Dabei können wir noch mehr als Sport und Kunst. Wir können gut zuhören, vergessen keinen Geburtstag, können Streit schlichten, bringen andere zum Lachen. Und noch ganz viele andere Dinge, die unsere Mitmenschen und vielleicht auch wir selbst noch nicht entdeckt haben!

Und noch etwas haben wir mit der Rosskastanie gemeinsam: Auch wir schützen uns manchmal mit einer stacheligen Hülle – vor Neid, Beleidigungen oder Schubladendenken. Wie gut, dass Gott ein Gott ist, der die Menschen sieht. Er sieht nicht nur unseren pieksigen Panzer. Er sieht den Kern in uns, der schon heranwächst. Er hatte schon damals, als wir noch ein Baby waren, eine Vorstellung davon, was einmal aus uns werden wird. Und er sieht unsere verborgenen Talente und geheimen Wünsche. Das alles sieht er mit seinen liebenden Augen. Und er ermutigt uns, unser Leben zu leben und nicht nur die Erwartungen und Wünsche der anderen zu erfüllen. In dir steckt so viel mehr, als du denkst. Mach dich auf Entdeckungsreise und finde heraus, wofür Gott dich begabt hat.

Tat-Sache

„Conkers" ist ein traditionelles Spiel in Großbritannien. Eine Kastanie wird auf eine Schnur gefädelt. Immer zwei Personen treten gegeneinander an und schlagen abwechselnd mit ihrer Kastanie auf die der anderen Person. Wer zuerst die Kastanie der anderen Person zertrümmert, gewinnt. Ein nicht ganz einfaches Spiel, das etwas Übung erfordert, aber umso mehr Spaß bringt.

Kaugummi

Fragt nach dem Herrn und seiner Macht! Kommt vor sein Angesicht zu jeder Zeit!
1. Chronik 16,11

Fund-Sache: Gebet, Glaube, Neuanfang

Ansichts-Sache

Wenn es morgens mal wieder besonders knapp ist und du vor der Schule keine Zeit mehr hast, dir die Zähne zu putzen, dann kann ein Kaugummi Abhilfe schaffen. Durch das Kauen wird mehr Speichel produziert, der die Zähne reinigt, und der frische Geschmack überdeckt kurzfristig den Mundgeruch. Auch in der Schule hilft ein Kaugummi, sich zu konzentrieren, weil durch das ständige Kauen die Durchblutung gefördert wird und damit das Gehirn mehr Sauerstoff bekommt. Dass Kaugummis in der Schule teilweise verboten sind, liegt eher daran, dass zu viele gekaute Kaugummis unter Tischen und Stühlen landen statt im Mülleimer.Die Verunreinigung durch Kaugummis ist ein großes Problem in Städten, sodass es in manchen Städten spezielle Wände gibt, an die man sein Kaugummi kleben darf. Lässt man es anderswo fallen, wird ein hohes Bußgeld fällig.

Archäologische Funde haben gezeigt, dass schon ab der Steinzeit Baumharz oder Teer gekaut wurde. Als die Spanier Mexiko erreichten, verbreitete sich auch das Kauen von Latex des Breiapfelbaums. 1848 begann in den USA die kommerzielle Herstellung von Kaugummis aus Bienenwachs. William Wrigley jr. übernahm die Fabrik seines Vaters. Als er 1893 das Kaugummi entdeckte, verschenkte er zu jedem gekauften Backpulverpäckchen ein Kaugummi. Das wurde so begeistert aufgenommen, dass er in die Kaugummiproduktion einstieg. 1915 verschickte er an die 1,5 Millionen Menschen, die im Telefonbuch standen, eine Gratisprobe und wurde so zum weltweit größten Kaugummihersteller bis heute. Im Zweiten Weltkrieg wurde das Kaugummi schließlich durch amerikanische Soldaten auch in Deutschland bekannt.

Das Kaugummi verliert aber leider schnell seinen Geschmack oder Wirkstoff und schmeckt bald schon nach nichts. Es wird immer zäher und fester. Erst ein frisches Kaugummi bringt wieder den guten Geschmack oder Wirkstoff zurück in den Mund.

An Gott zu glauben ist wie Kaugummikauen. Wer seinen Glauben nur durch eine einzige Begegnung mit Gott nährt, der wird bald einen faden und langweiligen Glauben haben. Feste wie Taufe, Konfirmation oder Firmung, Freizeiten oder Jugendtage sind gute und wichtige Impulse und laden gleichzeitig dazu ein, den Weg mit Gott weiterzugehen. König David hat das verstanden. Er hat die Bundeslade, in der Gott selbst anwesend war, nach langer Zeit wieder nach Jerusalem bringen lassen, und ist so glücklich darüber, dass er diesen Ratschlag an alle weitergibt: „Kommt jederzeit zu Gott!" Unser Glaube braucht immer wieder einen neuen Anstoß durch einen Vers aus der Bibel, durch eine Begegnung in der Stille vor Gott, durch das Gespräch mit anderen Christinnen und Christen. Dann bleibt unser Glaube so frisch und lebendig wie unser Mund, wenn wir immer wieder das Kaugummi erneuern.

Tat-Sache

Bastle dir deine eigene Erfrischungsdose. In eine leere Kaugummidose kannst du kleine Zettel legen, auf denen ermutigende Bibelverse notiert sind. Solche Verse findest du zum Beispiel hier: www.dailyverses.net/de/ermutigung. Immer wenn du einen Impuls brauchst, kannst du dich damit von Gott erfrischen lassen.

Kerze

Ihr seid das Licht der Welt. So soll euer Licht vor den Menschen leuchten. Sie sollen eure guten Taten sehen und euren Vater im Himmel preisen.
Matthäus 5,14a.16

Fund-Sache: Individualität, Lebensstil, Nachfolge

Ansichts-Sache

Ob auf der Geburtstagstorte, am Adventskranz, bei einem Date oder in der Kirche: Kerzenlicht hat etwas Feierliches und Romantisches. Die Kerzenflamme taucht ihre Umgebung in ein besonderes Licht. Bis vor 100 Jahren war die Kerze ein alltäglicher Gegenstand, mit dem auch Wohnräume beleuchtet wurden. Tragbares Feuer zu verwenden, um sich in der Nacht nicht zu verletzten oder zu verlaufen, ist üblich, seit die Menschen entdeckt hatten, wie man Feuer machen kann. Kleine Schalen, gefüllt mit flüssigem Fett von Tieren, sorgten für Helligkeit in der Nacht. Vor ca. 5.000 Jahren wurden die ersten Kerzen entwickelt. Birkenrinden wurden in Öl getaucht und dann gewickelt. Später wurde ein Pflanzendocht mit flüssigem Fett getränkt. Heute werden Kerzen durch Kneten, Ziehen, Pressen, Gießen oder Wickeln hergestellt.

Was an der Kerze brennt, ist das Wachs. Der Docht aus Baumwolle brennt nur kurze Zeit und bringt das Wachs zum Schmelzen. Das Wachs steigt am Docht nach oben und verbrennt dort. Durch die Verbrennung entstehen Kohlenstoffpartikel. Sie sind so heiß, dass sie glühen und so die Flamme bilden. Eine Kerzenflamme ist am Docht ca. 600 Grad und am Rand bis zu 1.400 Grad heiß.

Spannend ist, dass alle Kerzenflammen gleich hell brennen, egal wie dick oder dünn, wie lang oder kurz eine Kerze ist. Wir Menschen sind ja schnell dabei zu unterscheiden, wie talentiert jemand ist. Und anhand dessen beurteilen wir, wie nützlich diese Person für uns ist, ob sich eine Freundschaft lohnt oder ob wir lieber mit einer anderen Person Zeit verbringen möchten. Jesus sieht das ganz anders. Er sagt zu allen seinen Nachfolgerinnen und Nachfolgern: „Ihr seid das Licht der Welt." Er trifft keine Unterscheidung zwischen wichtigeren und unwichtigeren Aufgaben in der Gemeinde. Er bewertet nicht das soziale Engagement höher oder niedriger als die Verkündigung in einer Kindergruppe. Alles ist Licht!

Wo Menschen mit Jesus leben, da werden sie von seinem Licht angesteckt. Denn er ist das Licht, das in die Welt gekommen ist, um unsere innere und äußere Dunkelheit hell zu machen. Da kommt alles Mögliche ans Tageslicht, was wir vielleicht lieber vor ihm verstecken möchten. Aber das ist nicht schlimm! Denn Jesus ist ja gerade deshalb als Licht gekommen, um uns von dem Verborgenen, das uns belastet, zu befreien. Und dann strahlt sein Licht durch uns! Wie wir leben, wie wir glauben, wofür wir uns einsetzen, mit wem wir reden, wie wir anderen begegnen – durch all das strahlt Gottes Licht hindurch. Man kann dieses Licht gar nicht aufhalten. Gottes Licht scheint durch uns, auch wenn wir uns manchmal nur für ein kleines Licht halten. Es ist großartig, dass Gott durch uns anderen Menschen begegnen will und sie so seine Liebe entdecken können.

Tat-Sache

Kerzen können mithilfe von Kerzenstiften mit Schlagwörtern oder kurzen Sätzen verziert werden und dich immer wieder an den erinnern, der durch dich leuchtet. Im Austausch mit anderen kannst du überlegen, was das Lichtsein konkret bedeutet.

Kronkorken

Ich bin der Weg, die Wahrheit und das Leben. Es gibt keinen anderen Weg zum Vater als mich.
Johannes 14,6

Fund-Sache: Gemeinschaft, Lebensweg, Vergebung

Ansichts-Sache

Ein heißer Sommertag, mit dem Freundeskreis bist du am See, ihr habt Sport gemacht und gebadet. Jetzt wollt ihr euch das mitgebrachte Picknick und die kühlen Getränke schmecken lassen. Jemand war für die Getränke zuständig und hat Cola und Fanta in kleinen Flaschen mitgebracht, aber den Öffner vergessen! Das ist richtig blöd! Wie kommt ihr jetzt an die ersehnte Erfrischung?

Kronkorken haben eine lange Geschichte. William Painter aus Baltimore hat 1892 den Kronkorken erfunden, der die aufwendigen und teuren Bügelverschlüsse ablösen sollte. Ein Blechstück verschließt den Flaschenhals, das seitliche Blech wird kronenförmig gepresst und sorgt so für einen luftdichten und geschmacksneutralen Verschluss. An der Seite des Kronkorkens sind meist ein paar Buchstaben oder Zeichen zu lesen, die Rückschlüsse auf die Herstellerfirma geben. Der Kronkorken hat 21 Zacken. Eine ungerade Zahl ist hier wichtig, da sich sonst zwei Zacken gegenüberliegen und beim Öffnen verkanten. Wird der Deckel von allen Seiten leicht angehoben, wird ein Verbiegen verhindert und man kann die Flaschen mit einem Schlag auf den Deckel wieder verschließen und den Inhalt so vor Insekten oder Schmutz schützen.

Ein Leben mit Gott scheint für uns so verschlossen wie eine Flasche mit einem Kronkorkenverschluss. Gott ist heilig, gerecht und gut, wir sind es nicht. Wie können wir da vor dem Allmächtigen bestehen? Durch alle Zeiten (und in allen Religionen) haben Menschen das aus eigener Kraft versucht – und verloren. Aber weil auch Gott

Sehnsucht nach uns Menschen hat, ist er in Jesus auf diese Erde gekommen und hat sich als Öffner vorgestellt: „Ich bin der Weg, der zum Leben führt!", sagt Jesus. Er ist der Flaschenöffner, der es möglich macht, dass wir mit Gott in Kontakt kommen können. Und nicht nur das: Die Begegnung mit Gott erfrischt uns. Wie ein kühles Getränk an einem heißen Sommertag, so gibt Gott uns die Erfrischung und Kraft, die wir für jeden Tag brauchen. Er schenkt uns Geduld für alles, wo wir Schmerz und Leid aushalten müssen. Er schenkt uns Energie, um uns gegen Ungerechtigkeit und Benachteiligung einzusetzen. Er überschüttet uns mit Liebe, sodass wir auch andere lieben und ihnen verzeihen können. Er schenkt uns Glauben, wo wir manchmal mehr Fragen als Antworten haben und an ihm zweifeln. Gottes Geist sprudelt auf uns über, sodass er durch uns auch zu anderen Menschen fließt. Dies alles ist möglich, weil Jesus den Weg dazu frei gemacht hat. Gekostet hat ihn das viel, aber für uns ist dieser Flaschenöffner kostenlos.

Tat-Sache

Kronkorken bieten eine Vielzahl an Verwendungsmöglichkeiten. Damit kann man „Englisch Fußball" spielen (drei Kronkorken auf einer Tischplatte, immer einer muss zwischen den beiden anderen durchgeschossen werden), Schmuck und Anhänger herstellen, mit einem Magnet versehen zieren sie den Kühlschrank oder eine Magnettafel. Mit Nagellack können sie angemalt werden und mit einem Symbol an Jesus, den Flaschenöffner, erinnern.

Kugelschreiber

Doch dann gestand ich dir meine Sünden und versteckte nicht länger meine Schuld. Ich sagte: „Ich bekenne dem Herrn meine Vergehen!" Da hast du die Schuld von mir genommen, die ich auf mich geladen hatte.
Psalm 32,5

Fund-Sache: Fehler, Schuld, Vergebung

Ansichts-Sache

Was einen ja ziemlich nerven kann, ist das Geräusch, wenn jemand gedankenverloren die Mine eines Kugelschreibers immer wieder raus- und wieder reinklickt. Während einer langweiligen Unterrichtsstunde oder vor Nervosität kommt das schon mal vor. Das Zurückschieben der Mine mit dem Druckschalter funktioniert durch ein Sperrspannwerk, erfunden von August Frede im Jahr 1935. Als Erfinder des Kugelschreibers gilt der Ungar László Bíró, der sich nach 18-jähriger Forschungsarbeit seinen Kugelschreiber 1938 patentieren ließ. Vor ihm gab es schon andere Versuche. Der Bíró, wie er in einigen Ländern genannt wird, stellt aber die Grundform des heutigen Kugelschreibers dar. Eine Kugel verschließt ein mit einer Tintenpaste gefülltes Röhrchen. Beim Schreiben rollt die Kugel und bringt die Tinte von der Innenseite des Röhrchens auf das Papier. Die Tinte ist wasserfest und gilt damit als dokumentenecht, was z. B. für die Korrekturen einer Klassenarbeit oder für die Unterschrift der Eltern von Bedeutung ist.

Anders verhält es sich mit den FriXion-Stiften, die 2006 auf den Markt gekommen sind. Entwickelt von der japanischen Firma Pilot, ist die Tinte thermosensitiv. Das bedeutet, dass die Schrift ab 60 Grad durchsichtig wird. Hat man sich also mal verschrieben, kann man mit der Kunststoffkugel am Deckel oder Ende des Stiftes die Schrift wieder wegrubbeln. Legt man das Papier in den Gefrierschrank, wird die Schrift wieder sichtbar.

Nicht alle Fehler in unserem Leben lassen sich ein für alle Mal wegrubbeln. Manchmal sagen oder tun wir etwas und würden es hinterher gern ungeschehen machen. Doch unser Wort oder unsere Tat hat schon Menschen verletzt und wir können die Zeit nicht zurückdrehen, um das zu ändern. Es gelingt wohl, wie beim FriXion-Stift, etwas unsichtbar zu machen, indem wir Erklärungen für das Gesagte finden oder Wiedergutmachung für falsches Verhalten leisten. Aber das Misslungene bleibt trotzdem da wie die unauswaschbare Schrift eines Kugelschreibers. Und fühlt sich an wie eine Last.

Die Person, die Psalm 32 betet, macht die Erfahrung, dass es nichts bringt, vor sich und Gott die Schuld zu verbergen. Das führt nur zu mehr Schwierigkeiten. Und irgendwann kommt es ja doch heraus. Viel besser ist die Erfahrung, die Schuld Gott gegenüber einzugestehen. Das kann sie, weil sie weiß, dass Gott gut ist und die Schuld vergibt. Die ist dann für immer weg und wird nicht irgendwann wieder sichtbar gemacht. Was Gott vergibt, wird weggenommen. Es tut gut, diese Last, die wir unsichtbar mit uns herumtragen, bei Gott zu lassen. Probiere es aus!

Tat-Sache

Manchmal hilft ein Kugelschreiber uns dabei, unsere Schuld zu bekennen. Für Gott ist dabei nicht wichtig, ob du dafür die richtigen Worte findest oder nur Begriffe notierst oder Skizzen zeichnest. Er versteht dich auf jeden Fall. Nimm dir ein Papier und einen Kugelschreiber und notiere alles, was du auf dem Herzen hast. Danach kannst du das Papier verbrennen und dir bewusst machen, dass Gott wirklich alles vergeben hat.

Likes

Du bist kostbar und wertvoll für mich, und ich habe dich lieb.
Jesaja 43,4a

Fund-Sache: Identität, Liebe Gottes, Vergebung

Ansichts-Sache

Herzen, Sterne, Daumen nach oben. Das gefällt mir! Wer in den Sozialen Medien etwas öffentlich macht, hofft auf Zustimmung. Viele Likes vergrößern das Publikum. Dabei geht es nicht nur darum, ob das Gepostete uns gefällt. Mit manchen Likes möchten wir auch Unterstützung oder Interesse für ein Thema ausdrücken. 70 Likes reichen aus, um ein Persönlichkeitsprofil zu erstellen, das mehr weiß als unserer Freundeskreis. Und 150 Likes geben mehr über uns preis, als unsere Familie weiß. Wer etwas likt, signalisiert Zustimmung. So macht man sich in manchen Ländern strafbar, wenn man einen verbotenen Inhalt likt. Der Like-Button wurde zuerst 2009 bei Facebook eingeführt. Später wurde er auf anderen Plattformen übernommen. Dislikes sind nur bei Youtube möglich.

Wir sammeln auch außerhalb der Sozialen Medien Likes. Sieht der Pulli gut aus, den ich zu dieser Hose trage? Wie finden mich die Leute in meiner Schule? Und schon im Kindergarten haben wir gemalt und gebastelt, das Ergebnis stolz unseren Eltern präsentiert und auf einen Like gehofft. Durch die Zustimmung oder Ablehnung anderer lernen wir, angepasst in dieser Gesellschaft zu leben und ein Bild von uns selbst zu entwickeln. Die Likes und Dislikes sind wie ein Spiegel, der uns vorgehalten wird. Das Problem dabei ist nur, dass der Spiegel nie neutral ist. Was andere an uns mögen, hängt auch von ihnen selbst, ihren eigenen Vorlieben und Abneigungen, ihren Bedürfnissen und Wünschen ab. Es braucht also viele Spiegel, damit wir ein relativ realistisches Bild von uns bekommen. Sonst kann es passieren, dass ein einzelner Like uns zu Selbstüberschätzung führt oder ein Dislike uns in emotionale Tiefen stürzt.

Es ist gut, bei den vielen verschiedenen Stimmen, die uns bewerten, auf den zu hören, der uns gemacht hat. Von Anfang an ist klar: Gott findet dich sehr gut! Zwar haben wir Menschen nicht so gelebt, dass wir Gottes Liebe verdient hätten. Aber das hält Gott nicht davon ab, immer wieder zu betonen, wie sehr er uns liebt. Diese Liebe Gottes zieht sich wie ein roter Faden durch die Bibel. Sie beginnt mit dem Wunsch Gottes, in uns ein Gegenüber zu finden, jemanden, an den er seine Liebe verschenken kann. Und sie zeigt ihren Höhepunkt am Kreuz, als er in Jesus unschuldig für unsere Schuld stirbt. „Niemand liebt mehr als einer, der sein Leben für seine Freunde einsetzt", sagt Jesus (Joh 15,13). Das Kreuz ist der deutlichste Like, den Gott uns gegeben hat. Denn hier zeigt sich, dass Gott nicht nur schöne Worte sagt, sondern ihnen auch Taten folgen lässt. In Jesus wird seine Liebe für alle sichtbar. Mit diesem Like Gottes lässt es sich besser in jeden Tag starten.

Tat-Sache

Notiere auf einem Zettel alle Ereignisse des Tages. Dann vergib für die einzelnen Situationen Likes oder Dislikes. Wo hast du Schönes erlebt, bist netten Menschen begegnet und hast dich gut gefühlt? Und wer hat dich heute mit einem Dislike versehen? Für welche Aktionen heute gibst du dir selbst einen Dislike? Rede mit Gott über Gutes und Schlechtes. Dann schreibe den Bibelvers über das Blatt und erinnere dich daran: Auch wenn nicht alles top war, bleibt immer Gottes Liebe über allem stehen.

Messer

Das Wort Gottes ist lebendig und wirksam. Es ist schärfer als jedes zweischneidige Schwert und dringt durch und durch. Es durchdringt Seele und Geist, Mark und Bein. Es urteilt über die Gedanken und die Einstellung des Herzens.
Hebräer 4,12

Fund-Sache: Bibel, Glaube, Verkündigung

Ansichts-Sache

Das Messer ist eines der ältesten Werkzeuge überhaupt und gehört zu den Gegenständen, die überall auf der Welt und in allen Kulturen zu finden sind. Erste Messer waren aus Stein, hartem Holz oder Knochen. Sie wurden benötigt, um Fleisch zu zerteilen, weil wir rohes Fleisch nicht beißen können. Mit der Entwicklung der Metallgewinnung wurden Messer aus Bronze, Eisen oder Stahl hergestellt, die dann auch einen Griff hatten. Alle Frauen und Männer trugen in einem Lederetui am Gürtel ihr persönliches Messer bei sich, das auch beim Essen verwendet wurde. Das Messer war gleichzeitig ein Prestigeobjekt, das wertvoll verziert den Reichtum des Besitzers zeigte. Mit Beginn des 17. Jahrhunderts wurde das Messer durch das Tafelbesteck abgelöst und es kam erst später in Mode, dass Männer ein Taschenmesser mit sich führten.

Messer grenzen sich von Dolchen durch die nur einseitig geschliffene Klinge, von Schwertern durch die kürzere Klinge und von Speeren durch den kürzeren Griff ab. Das Schneiden geschieht vor allem durch Druck. Ist die Klinge geschliffen, ist sie schmaler. Damit wird der Druck auf die Fläche, die getrennt werden soll, größer. Speisemesser sind breiter und damit stumpfer. Messer werden beim Kochen, beim Rasieren und Haareschneiden, als Werkzeug und als Waffe eingesetzt. Darum fallen bestimmte Messer unter das Waffengesetz und dürfen nicht öffentlich getragen oder überhaupt erst gekauft werden.

In der Bibel wird das Wort Gottes mit einem Messer verglichen. Das klingt erst einmal gefährlich! Und das ist es in gewisser Weise auch. Denn Gottes Wort ist keine Abhandlung, die wir mit dem Verstand lösen können. Die Bibel will uns nicht theoretisch beibringen, wie es sich mit Gott und seiner Welt verhält. Gottes Wort will nicht nur unseren Verstand erreichen, sondern auch unser Herz. Darum trifft es uns wie ein Messer bis ins Innerste, es geht durch Mark und Bein. Und das verändert dann unser ganzes Leben.

Die Bibel ist natürlich ein altes Buch und auch die neuesten Texte sind fast 2.000 Jahre alt. Und trotzdem beinhaltet sie das lebendige Wort Gottes. Auch wenn die Menschen, von denen in diesem Buch berichtet wird, schon lange tot sind, so ist es Gott nicht, von dem dort ebenfalls die Rede ist. Gott lebt und spricht auch heute noch. Das haben viele Menschen schon erlebt, die von einem einzelnen Bibelvers so angesprochen wurden, als wäre er nur für sie geschrieben. Und weil Gott lebendig ist und heute noch redet, darfst du Gottes Wort auch persönlich nehmen. Was Gott versprochen hat, hält er bis heute.

Tat-Sache

Nicht immer sind wir beim Bibellesen bis ins Innerste berührt. Manchmal bleiben auch Fragen offen. Sammle in einem Glas Bibelverse auf blauem Papier, die dir Hoffnung machen, und auf rotem Papier solche, die unbeantwortete Fragen beinhalten. Ziehe von Zeit zu Zeit einen Zettel und schaue, wie Gott durch die Verse spricht. Tausche dich auch mit anderen darüber aus, welche Verse ihnen viel bedeuten.

Musikstreaming

Ja, das Gras verdorrt, die Blume verwelkt, aber das Wort unseres Gottes bleibt für alle Zeit.
Jesaja 40,8

Fund-Sache: Dankbarkeit, Ewigkeit, Vertrauen

Ansichts-Sache

Musik hören immer und überall, das war mit Schallplatten unmöglich, mit Kassetten und CDs möglich, aber umständlich und unsicher und ist, seit es Musik zum Streamen gibt, einfach und überall verfügbar. Um zu verhindern, dass CDs und Kassetten unerlaubt kopiert werden und die Musikerinnen und Musiker dabei nichts verdienen, wurde 2006 die Firma Spotify® mit Sitz in Stockholm gegründet. 70% der Einnahmen gehen an die Rechteinhaber der Songs, wenn sie mindestens 30 Sekunden lang angehört wurden. Seit 2016 können auch Podcasts angehört werden, seit 2021 sind zusätzlich kurze Clips möglich, die die Künstlerinnen und Künstler in ihrer Story posten können. Mit 465 Millionen Nutzerinnen und Nutzern war Spotify® 2022 der größte Audio-Streamingdienst weltweit.

Wer den Dienst abonniert hat, kann sich eine eigene Playlist erstellen, sich mit anderen befreunden und Playlists teilen oder eine gemeinsame Playlist erstellen. Besonders bei Spotify® ist auch der Jahresrückblick. Dort wird am Ende des Jahres zusammengefasst, wie viel Zeit man mit Musikhören verbracht und welche Genres man bevorzugt gehört hat, welche Künstler und welche Podcasts in diesem Jahr besonders wichtig waren, wer zu den eigenen Top 5 gehört. Manches davon wird einen sicher überraschen. Vor allem wenn man sich den Account mit anderen teilt und sieht, was sie gehört haben.

Es wäre spannend, wenn es eine App gäbe, die unseren ganzen Alltag mit einem Jahresrückblick zusammenfassen würde. Wie viel Zeit haben wir mit der Familie verbracht, wie viel mit Freundinnen und Freunden und wie viel im Internet? Welche Bücher und Filme haben wir in diesem Jahr gelesen und gesehen? Wer sind die Top 5 der Menschen, die wir am meisten mögen? Wovon haben wir am meisten gegessen, wie lang geschlafen, wie viele verschiedene Kleidungsstücke getragen? Welche Themen waren in den letzten 365 Tagen wichtig? Wie oft haben wir eine christliche Veranstaltung besucht und wie viele davon waren prägend für uns? Wie oft haben wir gebetet, wie oft gezweifelt, ob es Gott überhaupt gibt? Wie oft haben wird uns in schwierigen Situationen an Gott gewandt?

Wenn man sich Zeit für einen Jahresrückblick nimmt, dann wird man feststellen, dass vieles schon in Vergessenheit geraten ist. Vieles, was damals wichtig war, hat jetzt keine Bedeutung mehr oder ist nebensächlich geworden. Und auch unser Musikgeschmack wird sich über das Jahr verändert haben, Künstlerinnen und Künstler kommen und gehen. Was hat dann aber Bestand? Jesaja sagt: Gottes Wort, seine Zusage, dass er uns unendlich liebt, bleibt für alle Zeit. Alles andere ist wie Gras, das in der Sommerhitze vertrocknet. Altes geht, Neues kommt, es gibt ständig Veränderung. Nur Gott ist zeitlos, immer modern und unzerstörbar. Auf ihn kannst du dich verlassen, auch in der Zukunft!

Tat-Sache

Nimm ein leeres Blatt Papier und gestalte deinen eigenen Jahresrückblick der letzten zwölf Monate (das geht immer, auch unabhängig von Silvester). Notiere, was in jedem Monat besonders war und dich geprägt hat. Welche Entdeckungen machst du? Rede mit Gott darüber. Er wird auch die kommenden zwölf Monate dabei sein.

Passbild

Ich bin der gute Hirte. Ich kenne die, die zu mir gehören, und die zu mir gehören, kennen mich.
Johannes 10,14

Fund-Sache: Jesus, Liebe Gottes, Nachfolge

Ansichts-Sache

Ein Passbild ist nicht immer schön, aber notwendig, da wir es für verschiedene Ausweise und den Führerschein benötigen. Das Innenministerium hat verschiedene Vorgaben für ein Passbild festgelegt. So muss ein Gesicht auf dem Foto zwischen 27 und 40 Millimeter groß und frontal fotografiert sein. Kopfbedeckung (nur mit Ausnahmen aus religiösen oder medizinischen Gründen) oder Sonnenbrille sind nicht erlaubt. Die Augen dürfen nicht von den Haaren verdeckt werden. Der Gesichtsausdruck muss neutral sein und die Augen offen in die Kamera blicken, was häufig dazu führt, dass uns unser Passbild merkwürdig anstarrt. Vor der Einführung der automatischen Gesichtserkennung 2007 und der dadurch entstandenen Anforderungen an das Passbild musste mindestens ein Ohr zu sehen sein. Heute hilft die Gesichtserkennung beim Entsperren von Smartphones und bei der Strafverfolgung.

Voraussetzung für das Erkennen und Unterscheiden von Menschen ist unser Gehirn, das die optischen Reize wahrnimmt und kombiniert. Obwohl fast jedes Gesicht aus Augen. Mund und Nase besteht, können wir innerhalb von Millisekunden Unterschiede der äußeren Merkmale wie Geschlecht, Rasse, Alter feststellen und weitere Faktoren wie Emotionen beurteilen. Dies war für das Überleben unserer Vorfahren von Bedeutung, um schnell zu entscheiden, ob Freund oder Feind vor ihnen stand. Heute hilft es uns im sozialen Umgang. Darum sind wir von Geburt an auf Gesichter fixiert und sehen selbst dort Gesichter, wo gar keine sind, z. B. auf gemasertem Holz oder Raufasertapeten.

In einem großen Getümmel verlieren wir jemanden, mit dem wir unterwegs sind, leicht aus den Augen. Da schieben sich andere dazwischen und plötzlich kann man sich nicht mehr sehen. Ähnlich geht es uns im Getümmel der Weltanschauungen. Wem soll ich folgen? Wem kann ich vertrauen? Welche Meinung kann ich vertreten? Wie soll ich leben? Was ist wahr und hilfreich für mein Leben? Da kann man schnell den Überblick verlieren.

Jesus vergleicht sich einmal mit einem Hirten, uns mit Schafen. Das Besondere am Hirten und seinen Schafen ist, dass sie sich gut kennen. Der Hirte beobachtet seine Schafe und sieht, wenn sie verletzt sind oder fehlen. Die Schafe erkennen ihren Hirten und merken schnell, wenn sich jemand nur als Hirte verkleidet hat. So beschreibt Jesus unsere Freundschaft. Jesus kennt uns durch und durch. Er weiß, was wir brauchen und wo wir Probleme haben. Er kennt unsere Stärken und Bedürfnisse. Er sorgt für uns, wie ein guter Hirte das für seine Schafe tut. Wer mit Jesus in Verbindung bleibt, der kennt auch ihn und weiß oft schon intuitiv, was in so mancher Situation richtig und im Sinne Gottes ist. Die Begegnung mit Gott durch Bibellesen, Gebet oder im Austausch mit anderen Christinnen und Christen hilft uns, ihn immer besser kennenzulernen. Und selbst wenn wir einmal verwirrt sind und nicht wissen, wo wir hingehören, ist Gott da, der uns nach Hause liebt.

Tat-Sache

Ein gemeinsames Fotoshooting mit verschiedenen Utensilien kann erstaunliche und schöne Fotos hervorbringen. Ausdruckt können sie dich daran erinnern, dass Jesus dich so gut kennt wie sonst niemand, und dass er dich immer liebt, egal, wie du aussiehst.

Pixel

Ihr seid nun der Leib von Christus! Jeder Einzelne von euch ist ein Teil davon. Und Gott hat jedem in der Gemeinde seine Aufgabe zugewiesen.
1. Korinther 12,27-28a

Fund-Sache: Begabung, Gemeinschaft, Individualität

Ansichts-Sache

„Wie cool wäre das, wenn man sich beim Telefonieren auch sehen könnte!" Das dachte sich Paul Nipkow und entwickelte 1883 eine Lochscheibe, mit der man ein Bild in viele kleine Bildpunkte aufteilen konnte. So war es möglich, ein Bild Stück für Stück elektronisch zu verschicken und zu empfangen. Diese Entwicklung war Grundlage für den Fernseher, der 1935 auf diese Weise die ersten Bilder empfangen konnte, ab 1967 auch in Farbe. Die Mischung aus rotem, grünem und blauem Licht ergibt ca. 16,8 Millionen verschiedene Farben, verteilt auf unzählige winzige Bildpunkte.

Die vielen kleinen Bildpunkte nennen wir heute Pixel. Dieses Wort setzt sich aus den englischen Begriffen „picture" und „element" zusammen. In jedem Pixel sind verschiedene Informationen gespeichert, u. a. seine Farbzusammensetzung, seine Lage und seine Form. Pixel sind so klein, dass man sie einzeln nur in großer Vergrößerung erkennen kann. 12 Megapixel, mit denen viele Handykameras ausgestattet sind, bedeuten, dass das Foto aus 12 Millionen Bildpunkten besteht. Da ist es doch nicht schlimm, wenn eines fehlt, könnte man meinen. Aber wer einen Fernseher oder Monitor mit Pixelfehler hat, der weiß, dass das ganz schön nerven kann.

Und so denken auch manche über sich und andere Menschen. Bei über 8 Milliarden Menschen auf der Welt kommt es doch auf die Einzelne, den Einzelnen nicht an. „Doch!", sagt Gott. „Jede und jeder ist ein Teil meiner Welt und hat dort eine wichtige Aufgabe."

Paulus verdeutlicht dies am Beispiel eines Körpers. Dieser setzt sich aus vielen verschiedenen Teilen zusammen. Da gibt es große und kleine Körperteile, empfindliche und robuste, sichtbare und unsichtbare. Sie alle aber braucht es, damit ein Mensch gut leben kann. Keines davon ist wichtiger als das andere und die Größe sagt noch lange nichts über die Bedeutung aus. Jedes Teil hat seine Aufgabe. Und wenn es nicht mehr da ist, dann fehlt etwas.

Auch du bist für Gott wichtig! Genauso wichtig wie alle anderen. Gott hat für dich einen Platz in seinem großen Reich. Wenn du nicht da bist, dann fehlt etwas! Manchmal haben wir das Gefühl, eher eine Randfigur zu sein, weil wir nicht so gut reden oder organisieren können oder nicht so hilfsbereit sind wie andere. Wir fühlen uns eher wie ein Pixel am Rand des Bildes. Aber würde ein Bild nur aus der Bildmitte bestehen, würde die Wirkung fehlen, die erst durch den Bildrand entsteht.

Gott hat für jede und jeden eine Aufgabe, egal ob wir uns in der Mitte oder eher am Rand sehen. Mit deinem Charakter, mit deinen Begabungen, deinem Humor, deiner Aufmerksamkeit, deinem Einfühlungsvermögen, deiner Art zu denken bist du ein wichtiger Teil der Gemeinde Gottes. Es geht nicht darum, die eine konkrete Aufgabe zu finden, die Gott für dich hat. Sondern dass du mit allem, was zu dir gehört, deine Freundschaft zu Gott lebst und anderen auf deine Art davon erzählst.

Tat-Sache

Wo ist dein Platz in Gottes Gemeinde? Was ist deine Aufgabe? Manchmal weiß man das selbst nicht so genau. Suche dir deshalb ein paar Freundinnen und Freunde, die dich gut kennen, und lass es dir von ihnen sagen, z. B. in Form eines Briefes:

- „Ich schätze an dir ..."
- „Ich finde an dir besonders ..."
- „Das kannst du gut ..."

Popcorn

Dann gebe ich euch ein neues Herz und einen neuen Geist. Das tote Herz aus Stein nehme ich aus eurem Leib. An seiner Stelle gebe ich euch ein lebendiges Herz aus Fleisch.
Hesekiel 36,26

Fund-Sache: Liebe Gottes, Neuanfang, Vergebung

Ansichts-Sache

Popcorn ist aus den Kinos nicht mehr wegzudenken. Auch wenn es für die Reinigungskräfte vermutlich kein Spaß ist, die Reste nach einer Veranstaltung wegzusaugen, so gehört es für alle anderen fast selbstverständlich zum Filmgenuss. Wann das Popcorn seinen Ursprung hat, ist nicht genau zu sagen. Es stammt vermutlich aus Süd- und Nordamerika, wo die Maispflanzen schon seit vielen Jahrhunderten angebaut werden.

Für Popcorn eignen sich nur bestimmte Maissorten, nämlich solche, deren Maiskörner eine dünne, aber harte Schale haben. In einem Maiskorn befindet sich ein sogenannter Embryo, aus dem später der Samen keimt. Er ist umgeben von einem Nährgewebe, genannt Endosperm, das den Embryo mit Nährstoffen versorgt. Das Endosperm ist außen hart und innen weich. Es enthält Wasser, das bei Erhitzung auf 100 Grad normalerweise gasförmig wird. Gas braucht viel mehr Platz als Wasser, aus 1 Milliliter Wasser werden 1,6 Liter Wasserdampf. Da die harte Schale des Maiskorns aber wie eine Druckkammer wirkt, bleibt das Wasser noch bis 180 Grad flüssig, verdampft dann und das Maiskorn ploppt auf, kühlt sofort ab und erhält die schaumige Struktur. Aus einem harten und ungenießbaren Korn wird ein weicher, leckerer Snack. Es braucht dafür nur ein bisschen Wärme.

Manchmal sind wir wie unaufgepopptes Popcorn. Schlechte Erfahrungen, mangelndes Selbstwertgefühl, Enttäuschungen oder Verletzungen haben unsere Schale hart gemacht. Wir wollen niemanden mehr an uns heranlassen und haben uns in uns selbst verschlossen. Das ist verständlich und ein guter und manchmal auch nötiger Schutz. Wer aber so hart bleibt, der tut sich schwer mit Freundschaften, im Umgang mit anderen und sich selbst. Und auch Gott gegenüber können wir uns verschließen und hart werden. Er hat unser Gebet nicht erhört, unseren Wunsch nicht erfüllt. Unser Leben läuft nicht so, wie wir es uns erträumt haben. Warum tut Gott nichts? Warum greift er nicht ein? Warum ändert er nicht alles zu unserem Besten? Fragen, auf die wir manchmal keine Antwort bekommen. Das kann uns von Gott entfernen, weil unsere Enttäuschung größer ist als unser Vertrauen in ihn.

Gott erwartet nicht, dass wir uns aus uns selbst heraus ändern, uns zusammenreißen und endlich einfühlsam und freundlich werden. Es ist seine wärmende Liebe, die unser Herz zum Schmelzen bringt. Wie beim Popcorn, dem Wärme von außen zugeführt wird, damit es aufpoppt, so umhüllt uns Gott mit seiner Liebe.

Seine Liebe ist an keine Bedingung geknüpft, die wir erst erfüllen müssen. Er liebt uns einfach so. Er kann dein hartes Herz aufbrechen und in etwas Neues verwandeln. Das Alte, das uns hart gemacht hat, nimmt er weg, damit wir uns zu den Menschen entfalten können, als die er sich uns gedacht hat.

Tat-Sache

Popcorn lässt sich einfach selbst zubereiten. Popcornmais gibt's in fast jedem Supermarkt. In einer Pfanne mit Deckel etwas Öl erhitzen, dann eine Hand voll Maiskörner hineingeben, beliebig würzen mit Zucker, Salz, Rosmarin, Thymian, Curry, Kurkuma ... und Deckel schließen. Sobald es zu ploppen beginnt, den Topf immer wieder schütteln, damit nichts anbrennt. Hört es auf zu ploppen, ist das Popcorn fertig und kann verzehrt werden.

Profilbild

Wer mich sieht, der sieht den Vater.
Johannes 14,9b (LU)

Fund-Sache: Dreieinigkeit, Gottesbild, Identität

Ansichts-Sache

Ein Bild sagt mehr als 1.000 Worte, behauptet eine Redewendung. Denn neben der reinen Information lässt es viel Spielraum für die eigene Interpretation. So ist das auch mit unseren Profilbildern, mit denen wir uns in den Sozialen Medien erkennbar machen. Ein kleines Foto unterscheidet uns von anderen. Welches Foto hast du ausgewählt, um dich zu präsentieren?

Ein US-amerikanisches Team von Psychologen und IT-Ingenieuren hat 66.000 Twitter-Profile analysiert und sie fünf Persönlichkeitstypen zugeordnet: Abenteuerlustige Menschen wählen ein künstlerisches Bild. Gewissenhafte Menschen zeigen ihr positives Gesicht, das aber nicht den ganzen Raum einnimmt, und strahlen Verlässlichkeit aus. Gesellige Menschen sind mit ihren meist jüngeren Freundinnen oder Freunden zu sehen. Mitfühlende Menschen sind mit anderen auf einem nicht immer scharfen Foto zu sehen. Ständig unzufriedene oder launische oder sensible Menschen drücken mit ihren Bildern weniger Emotionen aus, die Fotos sind eher schwarzweiß und das Gesicht ernst. Hast du dich in einer der fünf Kategorien wiedererkannt?

Jesus benennt sein eigenes Profilbild: „Wer mich sieht, der sieht den Vater!" So stellt er sich immer wieder vor. Jesus ist in unsere Welt gekommen, um uns zu einer Freundschaft mit Gott einzuladen. Aber wie will man mit jemandem eine Beziehung leben, den man nicht gesehen und erlebt hat? Jesus zeigt uns, wie Gott ist. Und dieses Bild ist sehr vielfältig. Vier Evangelien berichten von ihm. Sie erzählen, dass Jesus sich allen Menschen zugewandt hat. Er redete nicht nur mit Menschen, die in den Gottesdienst kamen, sondern auch mit denen, die alle anderen mieden. Er war sehr gesellig und feierte gern. Das Leid der Menschen rührte sein Herz und er zeigte, dass er die Macht hat, Krankheiten zu heilen und Unerklärbares zu tun. Unser Versagen stieß ihn nicht ab, sondern führte ihn ans Kreuz. Aus Liebe zu uns hat er unsere Fehler gesühnt. Und mit seiner Auferstehung hat er demonstriert, dass keine Macht der Welt Gott aufhalten kann.

Ein Profilbild zeigt immer nur einen kleinen Ausschnitt und ist eine Momentaufnahme. So haben die Forscher die Profilbilder in der Theorie vielleicht richtig zugeordnet. Allerdings tun wir uns gegenseitig Unrecht, wenn wir uns auf das Profilbild reduzieren. Viel besser ist es, die Person in der Wirklichkeit zu treffen und mit ihr gemeinsam Dinge zu erleben. Mit Gott ist das genauso. Unser Bild von ihm ist geprägt durch Erziehung, Schule, Freundschaften, Veranstaltungen wie Kindergottesdienst oder Freizeiten. Aber auch Gott will nicht reduziert werden. Er muss erlebt werden. Jeden Tag neu haben wir die Chance, ihn zu treffen: in der Bibel, in der Stille, in einem Gebet, im Gespräch mit anderen, in der Natur ... Überall können wir Gott treffen. DDazu braucht es nur ein offenes Herz und ein offenes Ohr. Denn ein Bild sagt mehr als 1.000 Worte und 1.000 Bilder sagen noch mehr aus.

Tat-Sache

Es gibt viele Bilder (und Gegenstände wie in diesem Buch), die unsere Vorstellung von Gott ausdrücken. Welches Foto würdest du dafür verwenden? Erstelle ein Profilbild und tausche dich mit anderen darüber aus, was sie darüber denken. Dabei könnt ihr spannenden Entdeckungen machen.

Sandwich-Eis

Ich und der Vater sind eins.
Johannes 10,30

Fund-Sache: Dreieinigkeit, Gottesbild, Jesus

Ansichts-Sache

Mit den ersten Sonnenstrahlen steigt auch der Appetit auf ein kühles Eis: Stieleis, Waffeleis, Wassereis in der Tüte, Eiskonfekt und das Sandwich-Eis. Zu den ersten Eissorten nach Erfindung der Tiefkühltruhe 1956 gehört das Fürst-Pückler-Eis. Schokolade, Vanille und Erdbeer- oder Himbeereis sind zu einem dreischichtigen Eis gefroren. Bei der Fürst-Pückler-Schnitte ist das Eis zusätzlich von zwei Waffelplatten umgeben.

Das Eis wurde nach Hermann von Pückler-Muskau benannt, der von 1785 bis 1871 im Gebiet des heutigen Brandenburg und Sachsen lebte. Geboren als Graf und Erbe des Schlosses Muskau gestaltete er den Garten nach dem Vorbild englischer Gärten um, wobei er sich hoch verschuldete. Er ließ sich formal von seiner Frau scheiden, reiste mit ihrem Einverständnis nach England, um dort eine reiche Frau zu finden, was ihm aber nicht gelang. Dafür berichtete er von seinen Beobachtungen dort. Die Briefe an seine Ex-Frau veröffentlichte er, sie wurden zum Bestseller. So konnte er weitere Reisen unternehmen und mit seinen Reiseberichten seinen Park und sein Leben finanzieren. 1822 wurde er zum Fürsten ernannt. Er war auch ein Feinschmecker und häufiger Gast beim preußischen König Wilhelm III. Wenn er selbst Besuch bekam, ließ er Eis auftischen. Das Fürst-Pückler-Eis wurde von seinem Koch Louis Ferdinand Jungius kreiert und trägt bis heute diesen Namen.

Spannend bei diesem Eis ist, dass jede und jeder es unterschiedlich genießt. Die einen essen erst ihre Lieblingssorte, andere die, die sie weniger mögen. Manche nagen zuerst die Waffel ab, andere beißen direkt ins Eis.

Dieses Eis mit seinen drei Farben erinnern mich an Gott. Er ist einer und doch drei. Jesus stellt Gott als den Vater vor, hier repräsentiert durch das braune Schokoladeneis. Er hat die Erde geschaffen, mit allem, was darauf und darin lebt. Jesus selbst bezeichnet sich als den Sohn Gottes. Unsere Schuld und unsere Trennung von Gott hat er mit seinem Tod am Kreuz bezahlt. Sein Blut wäscht uns ganz rein, im Eis repräsentiert durch das rote Erdbeer- oder Himbeereis. Und dann gibt es noch den Heiligen Geist. Er ist schwer zu beschreiben und zu fassen, weil wir ihn uns nicht als Person vorstellen können. Im Eis kann er durch die weiße Farbe repräsentiert werden. Dieses Vanilleeis liegt in der Mitte und man muss sich den Weg zu ihm erst freiessen.

Wie beim Sandwich-Eis, das wir auf unterschiedliche Art genießen, haben wir alle auch einen unterschiedlichen Zugang zu Gott. Unsere Biografie, unsere Prägung, unser Denken und Fühlen sind unterschiedlich und darum empfinden und glauben wir auch unterschiedlich. So stellen sich zum Beispiel die einen Gott als Vater vor und fühlen sich darin geborgen, andere haben damit große Probleme, weil sie ihren Vater weniger liebevoll erlebt haben. Aber wie beim Eis kann man Gott nur als Ganzes sehen. Und es gibt in der Tiefkühltruhe noch viele andere Eisangebote. So ist Gott nicht nur Vater, Sohn und Heiliger Geist, sondern er wird in der Bibel mit viel mehr Bildern beschrieben: Hirte, Burg, Mutter, König, Diener, Freund, Fels, Licht, Brot ... Gott ist einfach unfassbar!

Tat-Sache

Mit welchen Begriffen lässt sich Gott für dich am ehesten beschreiben? Iss mit anderen ein Sandwich-Eis und tausche dich mit ihnen über deine Gottesvorstellung aus.

Schal

Der Herr ist mein Fels, meine Burg, mein Retter. Mein Gott ist die Festung, auf die ich vertraue, mein Schild, meine Schutzmacht und meine Zuflucht. Du bist mein Zufluchtsort und mein Retter, du schützt mich vor Gewalt.
2. Samuel 22,2-3

Fund-Sache: Glaube, Lebensstil, Schutz

Ansichts-Sache

Wenn draußen ein kalter Wind geht, dann sind wir froh über einen Schal, den wir uns wärmend um den Hals oder die Schultern legen können. Vermutlich stammt der erste Schal aus dem Kaschmirtal, das im heutigen Indien liegt. Dort wurden aus hochwertigen Materialien wie der Wolle der Kaschmirziege von Hand wertvolle gemusterte Stoffe hergestellt. Sie wurden ursprünglich nur von Königen und Fürsten getragen und galten als Ehrenrobe. Durch die britische Kolonialherrschaft über Teile Indiens gelangte der Schal nach Europa und wurde ab 1760 als Schulter- und Umhängetuch getragen. Ab dem 20. Jahrhundert trugen dann auch Frauen Mäntel und der Schal wurde zum Accessoire. Lang, kurz, grob gestrickt oder fein aus Seide, rechteckig, dreieckig oder in Schlauchform, als Schultertuch, Halstuch, Kopftuch, Stirnband oder Fanschal: Heute findet der Schal vielfältige Verwendung bei Männern und Frauen.

Einen Schal kann man das ganze Jahr tragen, denn er hat die Funktion eines Accessoires übernommen. Und wenn er nicht zum Outfit passt, wird er abgelegt. Accessoire bedeutet „nebensächliches Zubehör". Also ein Nice-To-Have. Manche Menschen gehen mit Gott so um wie mit einem solchen Schal: Es ist gut, ihn zu haben, wenn man ihn braucht. Wenn man etwas haben möchte, dann redet man mit Gott. An Weihnachten, Konfirmation, Firmung oder Hochzeit sorgt der Glaube für eine schöne und festliche Stimmung. Aber den Rest der Zeit kommen sie ohne Gott aus. Und das ist schade.

König David hat das ganz anders erlebt. Wie ein Schal vor der Kälte schützt, so war Gott für ihn der Schutz seines Lebens. Ohne Gott wäre er den Unwettern des Lebens ausgeliefert gewesen. Sein Vorgänger, König Saul, war oft jähzornig und wollte David töten. Mehrmals hätte das fast geklappt. Aber David hat immer wieder erlebt, wie Gott sein Leben bewahrt hat und ihm Sicherheit gab. Beim Rückblick auf sein Leben kann er bezeugen, dass er sich bei Gott ganz sicher fühlen kann.

Gott kann mehr als nur ein Nice-To-Have unseres Lebens sein, das wir besitzen, falls wir es mal brauchen. Gott ist kein Beiwerk, das wir aus dem Schrank der vielen Weltanschauungen auswählen. Sondern er bietet uns lebenslange Begleitung an. Er hilft uns in den Stürmen des Lebens, damit wir nicht allein da durchmüssen. Er vergibt uns die Schuld und schenkt uns die Chance, neu anzufangen. Er gibt uns eine Heimat, wo wir die Füße hochlegen und zur Ruhe kommen können. Er gibt uns Grund zum Lachen, Genießen und Feiern. Wir können uns bei ihm festmachen, um die Orientierung nicht zu verlieren. Er ist nicht nur schmückendes Beiwerk, sondern ein Lebensbegleiter in den Höhen und Tiefen unseres Lebens.

Tat-Sache

Bemale ein Stück Stoff. Das Stoffstück kann entweder so groß sein, dass du es als Schal tragen kannst, oder relativ kurz, damit du es ums Handgelenk binden oder in der Hosentasche bei dir tragen kannst. Auf den Stoff kannst du einen Teil des Bibelverses schreiben, ihn bildlich umsetzen oder eine Abkürzung dafür verwenden. Es soll dich daran erinnern, dass Gott dich in allen Lebenslagen begleitet.

Schlüssel

Er heilt die gebrochenen Herzen und verbindet offene Wunden.
Psalm 147,3

Fund-Sache: Gebet, Vergebung, Wahrheit

Ansichts-Sache

Wer hat nicht schon seinen Schlüssel verlegt oder sich selbst ausgesperrt? Das ist echt blöd, wenn man vor einer verschlossenen Tür steht, vor allem wenn es die eigene Tür ist. Schüssel sind schon ziemlich alt. Aus der Bronzezeit ist bekannt, dass man mit einem Haken durch ein Loch in der Tür den Riegel wegschieben konnte, der von innen vorgeschoben wurde. Schloss und Schlüssel haben sich über die Jahrhunderte verändert und verbessert: Während die antiken Griechen noch Schlüssel mit einer Länge von 40 bis 50 Zentimetern mit sich herumtragen mussten, wurden die Schlüssel über die Jahrhunderte immer kleiner und handlicher. Heute ist sogar das Öffnen einer Tür per Fingerabdruck oder mit einer Fernbedienung möglich.

Manche Schlösser sollen aber auch geschlossen bleiben. Liebespaare befestigen ein Schloss an einem Brückengeländer, meist mit ihren Initialen versehen, und werfen den Schlüssel gemeinsam in den Fluss darunter als Zeichen dafür, dass niemand mehr diese Verbindung lösen kann. Tagebücher werden mit einem Schloss versehen und nur wer den Schlüssel hat, kann die darin notierten Gedanken und Geheimnisse lesen.

Wer den Schlüssel hat, der hat die Macht und entscheidet, wer rein und wer raus darf. Das gilt auch für unsichtbare Schlösser wie das an unserem Herzen. Wir haben es selbst in der Hand, wem wir unser Herz schenken und wen wir die Geheimnisse unseres Lebens wissen lassen. Manchmal ist es gut, Dinge für sich zu behalten und sich zu überlegen, wem wir unsere Gedanken und Gefühle anvertrauen.

Denn nicht alle Menschen gehen sorgfältig damit um. Aber manchmal wird uns auch das Herz schwer, weil wir ein Geheimnis mit uns herumtragen, das zur Last wird: eine Schuld, die wir nicht aussprechen wollen, eine Angst, die uns peinlich ist, eine Sehnsucht, von der niemand etwas wissen darf. Unser Herz kann an so etwas verzweifeln und zerbrechen.

So erging es den Menschen, die den Psalm 147 singen. Sie waren hoffnungslos, weil ihr Land von einem fremden Heer eingenommen wurde. Einige von ihnen wurden in ein fremdes Land umgesiedelt. Der Tempel, der einzige Ort, an dem sie Gott wirklich nahe sein konnten, war zerstört. Aber dann hat sich die Geschichte gewendet und sie wissen, dass Gott hier seine Hände im Spiel hatte. Er konnte das, was so ausweglos erschien, zum Guten wenden. Sie bezeugen: Gott hat ihnen den Lebensmut zurückgeschenkt und ihre zerbrochenen Herzen geheilt. Er macht es letztendlich gut!

Gott hat unser Leben im Blick. Er sieht das, was war und uns verletzt hat. Er sieht aber auch, was jetzt gerade los ist und uns auf der Seele brennt. Und er kennt das Morgen und weiß, was uns erwartet. Es ist deshalb eine gute Idee, Gott den Schlüssel zu unserem Herzen anzuvertrauen und mit ihm alle Geheimnisse zu teilen. Denn Gott kann das wieder heil machen, was in unserem Herzen zerbrochen ist. Gott ist der Schlüssel zu unserem Glück!

Tat-Sache

Nimm dir Zeit für einen Blick in dein Herz. Schreibe alles auf, was darauf lastet. Gib Gott symbolisch den Schlüssel zu deinem Herzen, indem du all das mit ihm besprichst. Er hat versprochen, dass er dein Herz heilen wird.

Schnecke

Nehmt einander an, so wie Christus euch angenommen hat, damit die Herrlichkeit Gottes noch größer wird.
Römer 15,7

Fund-Sache: Anerkennung, Einzigartigkeit, Nächstenliebe

Ansichts-Sache

Schnecken gehören nicht zu den Lieblingstieren der Menschen. Die meisten von uns ekeln sich eher davor. Dabei sind Schnecken mit Häusern sehr nützliche Tiere, denn sie ernähren sich von Flechten, Algen, Moosen, welken Blättern und angemoderten Pflanzenteilen. An die neuen frischen Triebe gehen nur bestimmte Nacktschnecken, die darum von allen Gärtnern als Plage bezeichnet werden.

Schnecken gehören zu den Weichtieren, wovon die meisten im Wasser leben. Die Anzahl der verschiedenen Schneckenarten kann nur geschätzt werden, da die Zahl der im Ozean lebenden Schnecken nicht gezählt ist. An Land leben in Deutschland ca. 260 Arten der sogenannten Landlungenschnecken. Sehr bekannt und mittlerweile auch geschützt ist die Weinbergschnecke. Sie gilt als die in Europa am weitesten verbreitete Schnecke. Ihr Schneckenhaus, in dem sich das Herz und die Organe befinden, ist im Uhrzeigersinn gedreht. Nur ganz wenige Schnecken, ungefähr eine von 20.000, hat ihr Haus gegen den Uhrzeigersinn gebaut. Sie haben es schwer, einen Partner zu finden, denn der muss auch linksherum gewickelt sein, sonst klappt es mit der Befruchtung nicht. Obwohl diese Schnecken nicht „normal" sind, hat man ihnen den Namen „Schneckenkönig" gegeben.

Schön wäre es, wenn wir Menschen das auch so machen würden. Aber wen, der so ganz anders ist, nennen wir schon einen König? Meist rümpfen wir die Nase, schauen weg oder ignorieren Menschen, die nicht so sind wie wir. Wir wollen sie nicht in unserem Freundeskreis haben. Und wer zwangsweise in der Schule neben jemandem sitzen muss, den man nicht mag, zählt die Tage, bis es wieder eine neue Sitzordnung gibt.

Wir Menschen tun uns schwer mit anderen, die so ganz anders sind. Vielleicht fordern sie uns heraus, Stellung zu beziehen. Oder sie hinterfragen mit ihrem Verhalten unser Handeln. Da ist es doch so viel angenehmer, nur mit Menschen zusammen zu sein, die so denken und handeln wie wir. Nur gibt's davon nicht so viele. Manchmal auch niemanden. Und das macht uns einsam. Auf der anderen Seite vergessen wir schnell, dass auch wir anders sind, einzigartig und für andere vielleicht auch eine Herausforderung. Auch wir wollen so akzeptiert werden, wie wir sind.

In Perfektion kann das nur Jesus. Er hat uns in seinen Freundeskreis aufgenommen, obwohl wir ihn immer wieder vergessen und ausschließen. Aber er lässt nicht locker, sondern bestätigt jeden Tag, dass er uns liebt – egal wie wir aussehen oder wie wir ticken. Dass er uns mit aller Schuld annimmt und dafür sorgt, dass sie verschwindet und nicht mehr zwischen uns und Gott steht. Er ist barmherzig zu uns, obwohl wir seine Freundschaft nicht verdient haben. Paulus erinnert uns daran. Wir sind angenommen mit allen Makeln, darum können wir in den anderen die von Gott Geliebten sehen, auch wenn wir mit ihnen Schwierigkeiten haben. Sie zu akzeptieren, heißt auch, Gott als Gott zu akzeptieren.

Tat-Sache

Was ist besonders und einzigartig an dir? Frage andere, was sie an dir schätzen. Überlegt gemeinsam, wie du den Menschen, mit denen du dich schwertust, in Zukunft anders begegnen kannst.

Schneeflocke

Der Herr selbst wird vor dir herziehen und wird mit dir sein. Er lässt dich weder fallen noch verlässt er dich. Deshalb fürchte dich nicht und hab keine Angst!
5. Mose 31,8

Fund-Sache: Einzigartigkeit, Lebensstil, Schöpfung

Ansichts-Sache

Schnee ist faszinierend. Wenn sich die weiße Decke über die Erde legt, wird alles stiller und aufgeräumter. Ob sich unter dem Schnee eine Wiese, eine schmutzige Straße oder ein Blumenbeet befindet, ist dann nicht mehr auszumachen. Alles sieht gleich aus. Doch das täuscht. Jede Schneeflocke ist einzigartig und gleicht keiner anderen. Das hat auch schon Johann Heinrich Ludwig Flögel fasziniert, der 1879 das erste Foto einer Schneeflocke machte. Wilson Bentley begann sechs Jahre später mit einer Sammlung von Schneeflockenfotos und hat 1931 ein Buch mit über 2.400 Schneeflockenbildern veröffentlicht. Er stellte die These auf, dass keine Schneeflocke der anderen gleich. Dem Japaner Ukichiro Nakaya gelang es 1936, Schneeflocken im Labor herzustellen und sie in 200 Form-Kategorien einzuteilen.

Obwohl alle Schneeflocken aus derselben Grundsubstanz, nämlich Wasser, bestehen, haben sie ganz unterschiedliche Formen. Wie die Eiskristalle wachsen, hängt von der Temperatur und der Luftfeuchtigkeit ab. Schneeflocken werden während ihres Weges auf die Erde durch die Luft gewirbelt, schmelzen teilweise wieder und kristallisieren neu. Jede Schneeflocke fliegt ihren eigenen Weg, darum wächst jedes Eiskristall auch unterschiedlich.

Wir Menschen sind zwar nicht exakt aus demselben Zellencocktail, aber dennoch ähnlich in Substanz und Aufbau der Zellen. Und doch ist jede Person einzigartig und besonders. Selbst eineiige Mehrlinge, die sich aus einer Zelle gebildet haben, sind unterschiedlich in ihrem Charakter, ihren Begabungen, ihren Vorlieben. Jeder Mensch ist anders. Jeder Mensch ist besonders. Jeder Mensch ist einzigartig. Wie gut, dass wir keine Massenware sind!

Manchmal ist das aber auch schwierig. Da gibt es solche Momente, z. B. wenn man in der Schule an die Tafel muss, da würde man sich doch lieber in der Masse verstecken. Es ist manchmal so viel leichter, mit der Gruppe mitzugehen, als sich ständig von allen absetzen zu müssen. Eine eigene Meinung zu bilden, eigene Entscheidungen zu treffen, selbstständig das eigene Leben zu leben und dabei erst einmal herauszufinden, was man eigentlich will, kann auch ganz schön anstrengend sein. Unsere Einzigartigkeit ist auch ein Auftrag, einzigartig zu leben. Das kann stressen und verunsichern.

Gott bietet sich uns als Lebensbegleiter an. Vor uns haben schon viele Menschen erlebt, dass Gott uns Menschen nicht nur einzigartig geschaffen hat, sondern auch hilft, dieses Leben gut zu gestaltet. So geht er mit Josua, der das Volk Israel leiten soll. Und er geht auch mit dir durch dein Leben, durch Höhen und Tiefen, aus der Schule in den Beruf und in das Leben als erwachsene Person. Die Zukunft muss dich nicht erschrecken, denn Gott geht mit.

Tat-Sache

Im Internet findest du unter www.snowcrystals.com beeindruckende Bilder von Schneeflocken und Zeitraffervideos, wie sie entstehen. Sehr sehenswert!

Schulheft

Der auf dem Thron saß, sagte: „Ich mache alles neu."
Offenbarung 21,5a

Fund-Sache: Fehler, Neuanfang, Vergebung

Ansichts-Sache

In Deutschland gehen jeden Tag 10,9 Millionen Kinder und Jugendlichen in 32.228 Schulen. Der Inhalt ihres Schulranzens oder Rucksacks, den sie dabei mit sich tragen, ist sehr vielfältig: Brotdose und Trinkflasche, Stifte, Bücher, Elternbriefe, Mappen, Ordner ... und Schulhefte. Schulhefte sind vor allem in den ersten Schuljahren ein ständiger Begleiter, in höheren Schulkassen werden sie dann mehr und mehr von Collegeblöcken oder gar Tablets abgelöst.

Papier war nicht immer so billig zu haben und Schulhefte waren früher sehr teuer. Darum verwendete man bis 1970 Tafeln aus Schiefer, auf denen die Kinder üben konnten. Erst wenn sie einen Buchstaben oder einen Text fehlerfrei und schön auf der Tafel schreiben konnten, durften sie ihn mit Tinte im Heft notieren. Das älteste noch erhaltene Schulheft ist von 1778 und stammt aus dem Lateinunterricht. Hefte mussten damals von Hand mit einem Faden geheftet werden. Erst Mitte des 19. Jahrhunderts wurden Schulhefte durch die industrielle Herstellung für alle erschwinglicher. Die Linien wurden von Hand gezogen, gedruckte Linien gab es erst ab 1871, karierte Seiten ab 1900.

Ein neues Schuljahr – ein neues Heft. Jedes Mal nimmt man sich vor, dieses Mal das Heft ordentlich zu führen, schön zu schreiben, mit dem Lineal zu unterstreichen, die Blätter sauber einzukleben. Auf der ersten Seite klappt das. Und auch auf der zweiten. Ab der dritten Seite wird es plötzlich hektisch und man kommt nicht mehr ganz mit, muss etwas schneller schreiben. Das Blatt auf der vierten Seite ist etwas krumm eingeklebt. Dann läuft die Trinkflasche aus und die Seiten werden wellig. Einmal Hausaufgaben vergessen, die muss man noch irgendwo dazwischen quetschen. Am Ende sieht das Schulheft ganz anders aus, als man das eigentlich wollte. Geht es dir auch so?

In unserem Leben läuft es Tag für Tag ähnlich. Wir nehmen uns am Morgen (oder am Abend) einiges vor. Diesmal wollen wir alles richtig machen, nett zu den Eltern sein, im Bus nicht um den Sitzplatz kämpfen, im Unterricht aufpassen ... Aber dann kommt alles ganz anders, es gibt Streit, der Unterricht ist langweilig und wir beteiligen uns am Geschwätz über andere ... So geht das den ganzen Tag weiter. Am Abend sehen wir, dass wir es nicht geschafft haben, gut und vollkommen zu leben.

Gott hat eine Idee, wie wir daran nicht verzweifeln können. „Ich mache alles neu!", sagt er. Jeden Tag gibt Gott uns sozusagen ein leeres Schulheft und wir dürfen neu anfangen. Was gestern misslungen ist, können wir bei Gott abgeben. Wo wir an anderen schuldig geworden sind, vergibt er uns. Wir fangen nicht von vorn an, so, als wäre alles Vergangene unwichtig. Aber das Schwere, das Zerstörerische, die Flecken, die Schuld, was schief gegangen ist – das alles können wir bei Gott ablegen und neu anfangen. Und eines Tages wird er auch mit dieser Welt neu anfangen.

Tat-Sache

Schulhefte können auch von außen schön aussehen. Bastle aus Papier oder Stoffresten einen schönen Umschlag für ein Schulheft, bemale oder beklebe es mit unterschiedlichen Materialien. Und vielleicht willst du es nicht für die Schule verwenden, sondern um dir wichtige Bibelverse oder gute Gedanken zu notieren.

Snapchat

Wenn jemand zu Christus gehört, gehört er schon zur neuen Schöpfung. Das Alte ist vergangen, etwas Neues ist entstanden!
2. Korinther 5,17

Fund-Sache: Neuanfang, Schuld, Vergebung

Ansichts-Sache

„Feiere den Moment!" So könnte man Snapchat zusammenfassen. 2010 entwickelten die Studienfreunde Evan Spiegel und Bobby Murphy eine Software, um sich leichter an Universitäten einzuschreiben. Sie hatten fünf Kunden. Und beendeten das Projekt gleich wieder. Ihr Mitstudent Reggie Brown wünschte sich eine App, mit der man Fotos verschicken kann, die bald wieder verschwinden. Die beiden Freunde setzten sich an diese Idee, entwickelten, finanziert durch Spiegels Großvater, eine App und brachten sie am 13. Juli 2011 in die App-Stores. Am Ende des Sommers hatten sie 127 User. Spiegels Mutter erzählte ihrer Nichte von dieser App, die sie begeistert mit in die Schule nahm und mit ihrem Freundeskreis teilte, weil dort Facebook nicht erlaubt war. Und so nahm die Verbreitung ihren Lauf. Heute wird Snapchat von 363 Millionen Menschen täglich genutzt. Luxemburg ist das Land mit der dichtesten Snapchat-Nutzung (80,2% der Bevölkerung), gefolgt von Saudi-Arabien (72,2%), Norwegen (70,4%) und Kuwait (57,5%). Mit 2,4 Millionen versendeten Snaps ist die App an Platz fünf der weltweiten Beschäftigung im Internet pro Minute (Mails versenden 231,4 Mio., Kryptowährung kaufen 90 Mio., Text senden 16 Mio., etwas in Google suchen 5,9 Mio.; alles Stand April 2022).

Snapchat ermöglicht es uns, mit einfachen Fotos unseren Alltag mit unserem Freundeskreis zu teilen. Ob das Essen fotografiert wird oder ein cooler Sonnenuntergang, alles kann geteilt werden. Lustig werden die Fotos durch die Filter, mit denen man die Personen verändern kann. Die Qualität ist nicht entscheidend, ist das Foto einmal angeschaut, verschwindet es.

Schön wäre es, wenn das mit echten Situationen auch so gehen würde. Da sagen wir etwas, was wir gar nicht sagen wollten, und würden das Wort gern zurücknehmen. Aber leider zerstört sich das gesprochene Wort nicht nach 10 Sekunden selbst. Fehler lösen sich nicht einfach auf. Manchmal plagen sie uns, weil wir jemanden verletzt oder beleidigt haben und das nicht wollten. Wir würden sie gern zudecken und wegstecken oder mit einem Filter belanglos machen. Aber das klappt nicht. Sie fühlen sich auf unseren Schultern schwer wie ein Rucksack an.

Jesus bietet uns an, diese niederdrückende Last wegzunehmen. Er lässt sie nicht nur für immer verschwinden, sondern heilt auch das, was zerbrochen ist – bei uns und bei den Menschen, die wir verletzt haben. Etwas ganz Neues entsteht. Und so feiern wir mit Gott den Moment! Nicht unsere Geschichte ist wichtig. Bei Gott schleppen wir keine Chronik hinter uns her, in der wir immer wieder an alles erinnert werden, was misslungen ist. Sondern mit Gott fängt das Leben heute neu an. Das Alte wird gelöscht! Die Zukunft beginnt jetzt.

Tat-Sache

Wie siehst du aus als neuer Mensch? Welcher Filter bringt zum Ausdruck, dass mit Jesus alles Alte aus deinem Leben gelöscht wird? Tausche deinen Mit-Jesus-Neu-Snap mit anderen.

Spekulatius

Als Gott den Menschen erschuf, machte er ihn als sein Ebenbild.
1. Mose 5,1b

Fund-Sache: Nachfolge, Verkündigung, Weihnachten

Ansichts-Sache

Die einen machen es nur am 6. Dezember, die anderen von September bis Dezember und wieder andere das ganze Jahr: Sie essen Spekulatius. In den Niederlanden und Belgien, vermutlich der Heimat des gewürzten Mürbteiggebäcks, isst man diesen Keks am Nikolaustag. Bei uns gibt es ihn schon ab Beginn des Herbstes zu kaufen. Und in Indonesien, einer ehemaligen niederländischen Kolonie, kann man Spekulatius das ganze Jahr über essen. Ob sich der Begriff „Spekulatius" auf den Beinamen des Heiligen Nikolaus bezieht, den man auch Speculator (der Umherschauende, Behüter) nannte, oder ob sich das Wort vom Lateinischen „speculum" für Spiegel ableitet, ist nicht geklärt. Der mit Kardamon, Zimt und Nelke gewürzte Teig wird in eine Form gedrückt, so entstehen Spiegelbilder. Zuerst waren es Motive des Heiligen Nikolaus, mit denen man seine Geschichte erzählen konnte. Heute gibt es auch andere Motive.

Von solchen Spiegelbildern berichtet auch die Bibel – von uns. Gott hat uns als sein Ebenbild geschaffen. Wir sind sein Gegenüber, dürfen mit ihm reden, mit ihm diskutieren, unsere Fragen aussprechen, unsere Freude teilen. Gott will nicht nur stumm von uns angebetet werden, sondern im Kontakt mit uns sein und unser Leben prägen. Im Leben der Menschen, die mit Gott in Verbindung stehen, können wir also auch immer wieder entdecken, wie Gott ist.

Spekulatius gibt es in verschiedenen Formen. Sie sehen unterschiedlich aus, sind aber alle gleich schwer und aus demselben Teig. Auch wir Menschen sind alle unterschiedlich, nicht nur was unser Aussehen betrifft. Auch unsere Vorlieben, unsere Talente und unser Charakter sind unterschiedlich. Und doch sind wir alle von demselben Gott erschaffen – als sein Ebenbild. Die über 8 Milliarden Menschen sind Beweis dafür, wie vielfältig Gott ist! Und dabei sind nicht die einen richtig und die anderen falsch. Die vielfältigen Erfahrungen, die Menschen mit Gott machen, zeigen doch, dass Gott immer wieder überraschend anders sein kann. Und gleichzeitig ist er zuverlässig an unserer Seite, hilft, tröstet, heilt, ermutigt.

Jesus hat seine Jüngerinnen und Jünger, also auch uns, beauftragt, in seinem Namen zu einem Leben mit Gott einzuladen, Menschen zu taufen und ihnen zu helfen, im Kontakt mit Gott zu leben. Das geht nicht durch Besserwisserei, sondern indem unser Leben von Gottes Liebe erzählt. Unser Umgang mit anderen, unsere Bereitschaft, uns zu entschuldigen und eigene Fehler einzusehen, unsere Großzügigkeit, anderen mit Zeit und Geld zu helfen, ist ein Spiegel der Liebe Gottes zu uns Menschen. An dir können andere sehen, wie Gott ist. Du bist ein Spekulatius Gottes!

Tat-Sache

Ein Spekulatiusteig ist aus 500 g Mehl, 2 TL Backpulver, 200 g Zucker, 1 Prise Salz, 2 Eiern, 200 g Butter und 15 g Gewürzen (entweder als fertige Mischung oder aus Kardamon, Zimt und gemahlenen Nelken selbst gemischt) leicht herzustellen. Nach einer Kühlzeit von mindestens einer Stunde kann er ausgerollt und in Rechtecke geschnitten oder ausgestochen, mitIeksstempeln verziert und gebacken werden. Gleichzeitig kannst du dir überlegen, welche Erfahrung mit Gott auf deinem Spekulatius zu sehen wäre.

Spielkarte

Ich aber setze mein Vertrauen auf dich, meinen Herrn; dir nahe zu sein ist mein ganzes Glück. Ich will weitersagen, was du getan hast.
Psalm 73,28 (GNB)

Fund-Sache: Geschenk, Glück, Lebensweg

Ansichts-Sache

Nervös hältst du deine Karten in der Hand. Du willst es dir nicht anmerken lassen, dass du gerade die beste Karte im Spiel gezogen hast. Noch drei Spieler sind an der Reihe, dann kannst du deinen Trumpf ausspielen und hast das Spiel für dich gewonnen. Welch ein Glück, dass du diese Karte gezogen hast!

Kartenspiele stammen aus Ostasien, in Korea wurde das älteste Spiel gefunden und stammt aus dem 12. Jahrhundert. Ein Knick in der Kartenmitte lässt darauf schließen, dass die Karten nicht aufgefächert gehalten und somit strategisch abgelegt wurden, sondern es sich um ein Glücksspiel handelte. Und dieses Ziehglück gibt es ja bis heute. Unverdient hat man die richtigen Karten bekommen und kann das Spiel für sich entscheiden.

„Die Dummen haben das Glück!", sagt ein Sprichwort. Und manchmal scheint es auch wirklich so zu sein. Dieses Gefühl beschreibt die Person, die den 73. Psalm betet. Bei allen anderen läuft es glatt, obwohl sie sich nicht dafür interessieren, was gut und richtig ist. Sie werden scheinbar nie krank und machen sich um gar nichts Sorgen. Sie nehmen sich, was sie wollen, das Leid anderer interessiert sie nicht. Sie leben im Luxus, alles fällt ihnen zu. Und so erleben wir das bis heute. Das Glück scheint unbeeindruckt von unserer Leistung zu sein. Wir lernen lang und gewissenhaft für eine Klassenarbeit, aber dann kommt doch etwas ganz anderes dran und wir haben einfach Pech gehabt. Bei anderen dagegen läuft es super. Wir finden eine bestimmte Person nett und möchten gern mit ihr befreundet sein.

Dafür bemühen wir uns lange Zeit um sie, sind nett, hilfsbereit, verschwiegen und freundlich. Aber dann kommt jemand Neues in die Klasse und zieht alle Aufmerksamkeit auf sich. Auch die Person, um deren Freundschaft wir uns so sehr bemüht haben, interessiert sich nur noch für den oder die Neue. Diese Liste der gefühlten Ungerechtigkeiten ließe sich endlos fortsetzen.

Der Person, die den Psalm betet, fällt bei ihrer Aufzählung etwas auf: Das Glück der anderen hält nicht für immer. Es ist eben Glück, das einem zufällt, aber genauso schnell auch wieder verschwindet. Reichtum, Gesundheit, Anerkennung sind zerbrechliche Dinge, auf die man sich nicht verlassen kann. Die Beterin oder der Beter bespricht das mit Gott und entdeckt dabei ein Glück, das nicht vergeht: Gottes Hand. Obwohl sie sich bitter über die Ungerechtigkeit in dieser Welt beschwert hat, reicht Gott dieser Person die Hand. Gott hält sie und uns fest. Er begleitet uns auf unserem Lebensweg und übernimmt gern die Führung, wenn wir sie ihm überlassen. Unser Lebensweg ist nicht von der Suche bestimmt, das Glück des Moments zu finden. Denn in Gottes Nähe zu sein, sich von ihm gehalten und getragen wissen, das ist beständiges Glück. Von ihm geliebt zu sein, auch mit unseren neidischen und vielleicht auch bitteren Gefühlen, das ist wirkliches Glück!

Tat-Sache

Gemeinsame Kartenspiele mit Freundinnen und Freunden machen glücklich und laden dich ein, mit ihnen darüber zu reden, was für euch wirkliches Glück bedeutet.

Spinne

Als die Soldaten Israels den Mann sahen, wichen sie aus lauter Angst vor ihm zurück.
1. Samuel 17,24

Fund-Sache: Angst, Mut, Vertrauen

Ansichts-Sache

Es wirkt manchmal ziemlich surreal, wenn Menschen mitten im Gespräch plötzlich loskreischen, die Füße in die Luft heben und panisch ihren starren Blick ins scheinbare Nichts richten. Grund für diese Panik ist ein kleines Spinnentier, das sich irgendwo in sichtbarer Nähe an der Wand gemütlich eingerichtet hat. 5% der Deutschen haben eine Spinnenphobie, viele andere finden sie einfach nur eklig. Die meisten Spinnen sind nur wenige Zentimeter groß und ein Leichtgewicht. Ungefähr 47.000 Arten gibt es weltweit, 1.000 davon leben in Deutschland und nur die allerwenigsten sind in der Lage, die Haut des Menschen zu durchbeißen. Ihr Gift ist für uns meist harmlos und ihr Biss ähnelt einem Wespenstich. In Kambodscha werden Spinnen frittiert als Delikatesse angeboten, in Westafrika und der Karibik als Gottheit verehrt.

Die größte Spinne hat ihren Namen aus der Bibel. Sie heißt Goliath-Vogelspinne, ihr Körper ist so groß wie eine CD, ihre Beine werden bis zu 30 cm lang und sie kommt auf ein Gewicht von ungefähr 200 Gramm. Weil sie eine Riesin unter den Spinnen ist, wurde sie nach dem Riesen Goliath benannt, der die Menschen zu seiner Zeit in Angst und Schrecken versetzte. Mit seinem Volk, den Philistern, kämpfte er gegen Israel. Dabei hofften die Philister auf den Sieg bei einem Kampf Mann gegen Mann: Ein Israelit sollte gegen Goliath kämpfen und damit stellvertretend für seine Nation siegen oder verlieren. Der Sieg war den Philistern sicher, denn die israelitischen Soldaten wichen vor Angst zurück, als sie Goliath sahen und ihn spotten hörten. Nur David, ein Junge, der seine Brüder im Heer besuchte und Verpflegung von zu Hause brachte, war bereit, gegen diesen Riesen zu kämpfen. Nicht weil er besonders stark und gut ausgebildet war, sondern weil er Gott auf seiner Seite wusste. Mit diesem Selbstbewusstsein trat er den Kampf an und siegte.

Auch wir kommen immer wieder in Situationen, wo wir gegen „Riesen" kämpfen müssen. Das können Aufgaben in der Schule sein, die wie ein Berg vor uns stehen. Ein klärendes Gespräch mit Eltern, Freundinnen oder Freunden lässt unser Herz vor Anspannung schneller schlagen. Aber auch kleinere Aufgaben und Situationen, kurze Begegnungen oder Gedanken und Sorgen in der Nacht können uns Angst machen und zu Riesen werden.

David zieht mutig in den Kampf, weil er Gott an seiner Seite weiß, für den kein Problem zu groß ist. Er vertraut ihm sein Leben an. Dieser Gott geht auch mit dir deinen „Riesen" entgegen. Nicht alle Probleme lassen sich einfach lösen. Aber weil Gott mächtiger ist als alles auf dieser Welt, können wir uns an seiner Hand sicher fühlen.

Tat-Sache

Schreibe auf einen Zettel deine Sorgen, deine Ängste, alles, was sich zu einem Riesen in deinem Leben entwickelt hat. Grabe ein kleines Loch im Garten oder im Wald und lege deinen Zettel hinein und fülle das Loch wieder mit Erde. Nun kannst du deinen „Riesen" mit den Füßen treten und in einem Gebet Gott alles anvertrauen. Er wird dir helfen, deine „Riesen" zu besiegen.

Streichholz

Denn er selbst, der Vater, hat euch lieb.
Johannes 16,27a (LU)

Fund-Sache: Geschenk, Liebe Gottes, Nachfolge

Ansicht-Sache

Es ist ein schöner Sommerabend. Wir sitzen draußen um die Feuerstelle und schichten das gespaltene Holz auf. Erst ein bisschen Papier, dann kleines Anzündholz und zum Schluss die dickeren Holzstücke. Die Würstchen sind aufgespießt, der Stockbrotteig steht bereit, es kann also losgehen. Es fehlt nur noch eines: Feuer. Ein Streichholz wäre jetzt gut, um das Feuer anzuzünden. Denn ohne einen Funken geht es nicht.

Früher wurde mit Feuersteinen sehr trockenes Pflanzenmaterial wie Pilze, Stroh, Heu oder Reisig entzündet. Schwefelhölzer gab es ab dem 6. Jahrhundert in China. Das waren dünne Kiefernhölzer, die in geschmolzenen Schwefel getaucht waren und als Anbrennhilfe verwendet wurden. Problematisch dabei war, dass sie sich bei Berührungen unbeabsichtigt selbst entzündeten. Ab 1800 experimentierten einige Wissenschaftler mit neuen Methoden, u. a. mit weißem Phosphor, der aber sehr gesundheitsschädlich war. 1844 wurde das bis heute verwendete Streichholz entwickelt. Der Streichholzkopf enthält Caliumchlorat und Schwefel, die Reibefläche leichtentzündlichen roten Phosphor. Jedes für sich kann nicht allein brennen. Erst durch die Berührung, die durch das Reiben entsteht, gibt es kleine Explosionen. Dabei entsteht eine Hitze von 2.400 Grad. Der Schwefel entflammt und das Holz brennt.

Ein kleines Streichholz kann eine kleine Kerze, aber auch ein großes Lagerfeuer anzünden. Es kommt nicht auf die Länge oder die Dicke des Streichholzes an. Die Wirkung ist immer dieselbe: Es brennt und wird hell. Manchmal glauben wir, dass wir viel tun müssen, um

Großes zu bewirken. Wenn wir uns die Krisen auf dieser Welt ansehen, dann haben wir den Eindruck, dass wir nur ein kleines Licht sind, das nichts ausrichten kann. Man müsste Präsident eines Landes sein! Aber ist das wirklich so?

Als Jesus mit seinen Jüngerinnen und Jüngern unterwegs war, haben viele gehofft, dass er die politischen Verhältnisse ändert. Die römische Besatzungsmacht schrieb den Menschen in Israel viel vor. Die waren darüber sehr unglücklich und erwarteten von Jesus, dass er die Besatzer aus dem Land verjagte, um seine Herrschaft aufzurichten. Aber Jesus war ganz anders. Er entdeckte den einzelnen Menschen in der Menge und wandte sich ihm zu. Er sah in die Herzen und wusste, was sein Gegenüber wirklich brauchte. Er wirkte im Kleinen und Sanften und veränderte damit die Welt. Wie ein 5 Zentimeter langes Streichholz einen großen Holzstoß in Brand setzen kann, so hat Jesus die Herzen „angezündet". Die Botschaft von Gottes Vergebung und Liebe verbreitete sich wie ein Lauffeuer um die ganze Welt.

Es sind die kleinen Dinge, die unser Leben verändern: ein ermutigendes Lächeln, ein guter Wunsch, ein geteiltes Pausenbrot, eine Einladung, gemeinsam den Nachmittag zu verbringen. Welche Kleinigkeit kannst du heute tun, um Gottes Liebe weiterzugeben?

Tat-Sache

Streichholzschachteln lassen sich mit Papier bekleben und verzieren. In die Lade kann der Bibelvers (oder eine andere Botschaft Gottes) geschrieben und anschließend verschenkt werden. Nur eine Kleinigkeit! Aber vielleicht verändert sie trotzdem das Herz.

Suchmaschine

Noch liegt mir kein Wort auf der Zunge, schon weißt du, Herr, was ich sagen will.
Psalm 139,4

Fund-Sache: Allgegenwart Gottes, Gebet, Liebe Gottes

Ansichts-Sache

Das Smartphone verlegt, die Kopfhörer unauffindbar, die Busfahrkarte nicht in der Tasche und du musst eilig los ... wie gut wäre es, wenn es auch offline eine Suchmaschine gäbe, die einem sagt, wo man seine Sachen hat liegenlassen. Stattdessen müssen wir hektisch in der Wohnung herumrennen und ein Chaos hinterlassen, um rechtzeitig mit den verloren geglaubten Dingen das Haus zu verlassen. Oder ohne sie.

Im Internet gestaltet sich die Suche etwas einfacher. Suchmaschinen listen Ergebnisse unserer Anfrage auf, die wir nach Texten, Bildern, Videos oder zu Shopping-Zwecken sortieren können. Anfangs waren die Suchmaschinen Verzeichnisse von Websites, die per Hand zusammengetragen wurden. Schnell wurde das Internet aber so unübersichtlich, dass Algorithmen diese Aufgabe übernahmen. 1998 veröffentlichten die Studenten Larry Page und Sergey Brin ihre Suchmaschine Google. Sie konnte sich auf dem Markt durchsetzen, weil sie die Suchergebnisse nach Wichtigkeit sortiert. So werden zum Beispiel bei der Suche nach einer Pizzeria die Restaurants in der Nähe angezeigt. Aber das hat auch seinen Preis. Wir geben unsere Daten her und erhalten dazu passenden Werbung, die wir gar nicht wollen. Weil die Suchmaschine weiß, was wir brauchen könnten. Das ist zwar praktisch, manchmal aber auch beängstigend.

Manchen Menschen geht es so auch mit Gott. Er weiß alles, sieht alles, kennt unsere Gedanken und Gefühle. Es ist nicht möglich, ein Geheimnis vor ihm zu haben. Das kann uns unangenehm sein oder sogar Angst machen. Aber nur dann, wenn wir Gott als jemanden sehen, der Böses für uns will, uns für schlechte Gedanken bestraft oder seine Macht über uns demonstrieren möchte. In der Bibel wird aber deutlich, dass Gott so nicht ist. Lesen wir den Psalm 139, dann erfahren wir, dass Gott uns wunderbar geschaffen hat. Schon bevor wir ein sichtbarer Embryo waren, hat er sich überlegt, wie wir aussehen, welche Begabungen wir haben und ob wir lieber weiße oder schwarze Schokolade mögen. Und noch vieles mehr.

Dass er weiß, was wir sagen wollen, bevor wir es selbst so richtig wissen, ist für mich eine große Erleichterung. Manchmal kann ich nicht in Worte fassen, was ich denke und fühle. Aber Gott weiß es! Ich kann beten und glauben, dass er mich als Einziger versteht. Dass er voller Liebe tief in mein Herz blickt. Dass er Wunden heilt, die ich in mir verborgen habe, damit mich niemand mehr verletzt. Dass er Schuld vergibt, die ich nicht aussprechen kann, weil ich mich dafür schäme. Dass er meine Sehnsucht kennt und mit seiner Liebe erfüllt. Dass er mir Frieden schenkt, wo ich unruhig bin und nicht weiß, warum. Gott ist viel besser als alle Suchmaschinen, weil er mich so gut kennt und mit seinen Antworten die beste Trefferquote hat.

Tat-Sache

Im Internet kommt man leicht von einem zum anderen. So auch bei Wikipedia. Wie viele Klicks brauchst du, um bei Wikipedia z. B. von dem Artikel „Fußball“ zum Artikel „Karotte“ zu kommen, indem du nur auf die Wikilinks (blaue Wörter) klickst? Mache mit anderen daraus einen Contest.

Tafel

Denn wir alle müssen einmal vor dem Richterstuhl von Christus erscheinen. Dann bekommt jeder, was er verdient. Es hängt davon ab, ob er zu Lebzeiten Gutes oder Böses getan hat.
2. Korinther 5,10

Fund-Sache: Jesus, Schuld, Vergebung

Ansichts-Sache

Eine Tafel gehört zur Grundausstattung jedes Klassenzimmers. Auch wenn sie immer häufiger in Form eines Whiteboards oder einer Beamer-Projektion vorkommt, behält sie ihre Funktion: An ihr werden Unterrichtsinhalte und Hausaufgaben notiert. Tafeln sind schon seit der Antike bekannt. Zuerst waren sie aus Wachs, Ton, Elfenbein oder Schiefer. Später waren es schwarz gestrichene Bretter. Die grünen Tafeln heute sind aus Stahlemaille.

Eine Tafel wird so aufgehängt, dass von jedem Platz im Raum gesehen werden kann, was dort notiert wird. Nur die allerwenigsten Schülerinnen und Schüler mögen es, wenn sie nach vorn an die Tafel gerufen werden, um dort eine Matheaufgabe vorzurechnen oder ihre Hausaufgaben zu notieren. Denn dann können alle sehen, was man kann. Oder eben auch nicht. Fehler werden aufgedeckt und vor der ganzen Klasse diskutiert. Die Person an der Tafel steht im Mittelpunkt und das nicht unbedingt auf eine gute Art. Lieber würde man an seinem Platz sitzen und heimlich den Fehler ausbessern, der jetzt aufgedeckt wurde.

In der Bibel wird an mehreren Stellen beschrieben, dass es jeder und jedem von uns so ähnlich einmal vor Gottes Thron gehen wird. Unsere Taten und Untaten werden an die himmlische Tafel notiert. Und auch wenn wir uns sehr bemühen, immer alles richtig zu machen und nach Gottes Geboten zu leben, so wird die Tafel doch vollgeschrieben sein bis zum letzten freien Fleck. Niemand kann von sich aus mit einer reinen Weste vor Gott stehen.

Wer den Bibeltext im 2. Korintherbrief weiterliest, erfährt aber, dass dies nicht das Ende ist. Weil Jesus alle Schuld auf sich genommen hat und dafür gestorben ist, gibt es Vergebung für uns. Nachdem alles an der Tafel notiert ist, wischt Jesus alles wieder weg. Damit ist es für alle Zeiten bereinigt und wir können mit Gott in Gemeinschaft leben. Das ist unverdient. Wir können und müssen dafür keine Gegenleistung bringen, sondern dürfen es einfach so annehmen.

Man kann sich natürlich fragen, warum dann überhaupt alles aufgeschrieben werden muss, wenn Gott es doch selbst wieder wegwischen kann. Weil Gott gerecht ist und uns ernst nimmt, ist es nicht egal, wie wir leben und was wir tun. Bei Gott wird nichts unter den Teppich gekehrt, alles kommt ans Tageslicht. Aber weil Gottes Liebe so viel heller strahlt, müssen wir uns davor nicht fürchten. Vielleicht hast du schon einmal die Erfahrung gemacht, wie erleichternd es sich anfühlt, wenn du eine Dummheit, die du gemacht hast, beichtest. Wird die Entschuldigung angenommen, dann ist die Beziehung wieder in Ordnung und man kann aufatmen. Weil Gott dich liebt, will er reinen Tisch zwischen dir und ihm machen. Das ist großartig!

Tat-Sache

Bei dem bekannten Spiel „Montagsmaler" werden Begriffe von jemandem auf ein Papier gemalt und von anderen so schnell wie möglich erraten. Variiert werden kann das Spiel, wenn man mit verbundenen Augen malt oder von jemandem mit verbundenen Augen nur geometrische Anweisungen erhält, was zu malen ist.

Tennisball

Wir lieben, weil er uns zuerst geliebt hat.
1. Johannes 4,19

Fund-Sache: Liebe Gottes, Nachfolge, Treue

Ansichts-Sache

Nur 1,3 Millionen Menschen in Deutschland kennen ihn nicht: den Tennissport. Mit 1,4 Millionen aktiven Vereinsmitgliedern ist Tennis die viertbeliebteste Sportart in Deutschland. Ein Viertel der Vereinsmitglieder spielt mehrmals wöchentlich auf einem der 46.000 Tennisplätze, die es in Deutschland gibt. Tennis wurde vermutlich im 13. Jahrhundert in nordfranzösischen Klöstern erfunden, von wo aus es sich bis nach England und Schottland ausbreitete. Ein Lederball, der mit Wolle, Kopf- oder Barthaaren, Sand oder anderem Material gefüllt war, wurde mit der Hand geschlagen. Erst 1495 wurde ein Holzschläger für das Schlagen des Balls entwickelt. Der Aufschlag musste auf ein schräges Dach im Kreuzgang erfolgen, von dort aus spielte man im Innenhof des Klosters weiter. Nach und nach fand das Spiel auch Verbreitung unter den reichen Bürgern und Adligen, die Geld auf den Sieger wetteten und sich beim Spiel hoch verschuldeten. 100 Jahre später setzte es sich auch unter den Bauern und Studenten durch. Die 1877 verfassten Regeln für das erste große Rasenturnier in Wimbledon sind heute in großen Teilen noch gültig. Die Tennisbälle sind heute aus Hohlgummikugeln, die ihre Sprungkraft durch die Gummizusammensetzung oder durch ein Gasgemisch im Inneren erhalten.

Tennis gehört zu den so genannten Rückschlagspielen. Damit ist die Grundaufgabe leicht zu verstehen: Man muss immer den Ball zurückschlagen, der übers Netz geflogen kommt. Es braucht dafür ein Gegenüber. Wer sich selbst den Ball übers Netz zuspielen will, muss ganz schön schnell rennen, kommt außer Puste und wird es doch nicht schaffen. Auch eine Tennisballmaschine kann den Mitspieler nicht ersetzen, da sie nur neue Bälle ausspuckt, aber nichts auffängt und zurückwirft. Tennis funktioniert nur mit mindestens einer weiteren Person auf der anderen Seite des Netzes.

Gott stellt sich von Anfang unseres Lebens an als ein solches Gegenüber auf dem Spielfeld des Lebens vor. Er hat uns geschaffen, um Gemeinschaft mit uns zu haben. Wie bei einem Tennismatch spielt er uns immer wieder den Ball zu. Gott möchte Kontakt mit uns. Er möchte wissen, was uns bewegt, was uns freut, was uns beschäftigt, was uns schwerfällt. Gott freut sich mit uns über Gelungenes und trauert mit uns um Beziehungen, die zerbrochen sind. Er ist in der Lage, Schweres mit uns zu ertragen und Schuld zu vergeben. Gottes Ball ist voller Liebe zu uns. Und so steht Gott dir gegenüber und wirft dir unermüdlich einen Ball zu. Sein Balllager ist unbegrenzt und er gibt sich nicht geschlagen. Er wirft so lange, bis du ihm antwortest. So groß ist seine Liebe zu dir!

Tat-Sache

Gebrauchte und ausgediente Tennisbälle können beim örtlichen Tennisverein günstig erworben werden. Augen können aufgemalt oder aufgeklebt werden. In einen Schlitz als Mund kannst du eine Karte mit dem oben genannten Vers stecken. Er erinnert dich an Gottes ausdauernde Liebe. Wie willst du ihm darauf antworten?

Tiefkühlpizza

Denn wir sind Gottes Werk. Aufgrund unserer Zugehörigkeit zu Christus Jesus hat er uns so geschaffen, dass wir nun das Gute tun. Gott selbst hat es im Voraus für uns bereitgestellt, damit wir unser Leben entsprechend führen können.
Epheser 2,10

Fund-Sache: Begabung, Lebensstil, Nachfolge

Ansichts-Sache

Nach einem langen Schultag überfällt dich der Heißhunger. Zu Hause hat niemand gekocht und du selbst hast auch keine Lust, lange Gemüse zu schnippeln und in Töpfen zu rühren. Wie gut, dass es Tiefkühlkost gibt. Schnell eine Pizza in den Ofen geschoben und nach wenigen Minuten kannst du schon dem Käse zusehen, wie er Blasen wirft. Ein verheißungsvoller Duft erfüllt die Küche. Pro Jahr essen die Deutschen 47 kg Tiefkühlkost. 22% davon sind Backwaren, 10% Pizza. Jährlich werden in Deutschland 388.000 Tonnen Tiefkühlpizza verzehrt.

Erfunden hat die Tiefkühlkost Clarence Birdseye. In den 1920er Jahren stellte er den ersten Plattenfroster vor, bei dem die Lebensmittel zwischen Metallplatten gelegt werden, durch die ein Kühlmittel fließt. Abgeschaut hat er sich das Verfahren der Tiefkühlung bei den Inuit, die seit jeher ihren Fisch tiefkühlen und damit haltbar machen. 1955 wurde in Deutschland erstmals Tiefkühlkost auf einer Messe präsentiert und im folgenden Jahr 400 Tiefkühltruhen in Supermärkten aufgestellt, um zu überprüfen, ob die Deutschen Tiefgefrorenes kaufen. Heute ist die Tiefkühlindustrie die fünftgrößte Branche der Lebensmittelindustrie und wird in 98% aller Haushalte verwendet.

Dass Tiefkühlpizza wegen des hohen Kalorien-, Salz- und Zuckergehalts, der Konservierungsstoffe und Geschmacksverstärker nicht zu deiner täglichen Ernährung werden sollte, versteht sich von selbst. Aber Kochen braucht Zeit und Erfahrung. Manchmal haben wir weder das eine noch das andere. Darum ist es so praktisch, dass jemand anderes für uns schon gekocht hat und wir nur noch den Anweisungen auf der Verpackung folgen müssen. Da kann wirklich nichts mehr schiefgehen.

Wie lebt man eigentlich als Christin, als Christ? Was ist richtig, was ist falsch? Diese Fragen haben sich von Anfang an auch die Freundinnen und Freunde von Jesus gestellt. Dass ein Leben mit Gott anders aussieht als eines, das von Gottlosigkeit bestimmt ist, kann man sich vorstellen. Aber wie? Paulus sagt: „Macht euch da mal keinen Stress. Eure Freundschaft zu Gott hat euch so verändert, dass ihr ganz von selbst Gottes Werk tut. Er hat schon alles in euch vorbereitet, ihr müsst nur leben." Wie die Sonne scheint, ohne sich dazu jeden Morgen zu entscheiden, so können wir Gottes Werk tun, weil wir Gottes Werk sind. Unsere guten Werke sind darum auch keine Bedingung, damit Gott uns liebt, sondern Ausdruck seiner Liebe, die einfach so aus uns raussprudelt. Gott hat Situationen und Umstände schon vorbereitet, in denen er uns als seine Geschöpfe gebrauchen kann. Wir können also ganz unverkrampft in den Tag starten und uns davon überraschen lassen, was Gott für uns vorbereitet hat.

Tat-Sache

Bei einem gemeinsamen Pizzaessen kannst du dich mit Freundinnen und Freunden darüber austauschen, wo du schon erlebt hast, dass Gott durch dich wirkt. Gut tut es auch, wenn ihr euch gegenseitig sagt, was ihr aneinander beobachtet. Denn oft merkt man selbst gar nicht mehr, wie Gott einen gebraucht.

To-Go-Becher

Siehe, ich bin bei dir und behüte dich überall, wohin du auch gehst. Ich bringe dich zurück in dieses Land. Ich werde dich nicht verlassen, bis ich vollbringe, was ich dir verheißen habe.
1. Mose 28,15

Fund-Sache: Allgegenwart Gottes, Hilfe, Treue

Ansichts-Sache

Wer glaubt, dass To-Go-Angebote eine neue Idee sind, der hat sich geirrt. Schon aus der Antike ist bekannt, dass dort in den Städten auf Märkten und an der Straße Speisen und Getränke zum Mitnehmen angeboten wurden. Das lag nicht wie heute daran, dass die Menschen keine Zeit zum Kochen hatten, sie hatten in ihren Wohnungen schlicht keinen Herd, auf dem sie sich Essen hätten zubereiten können. Auch aus späteren Jahrhunderten ist bekannt, dass Speisen für unterwegs verkauft wurden.

Im 19. Jahrhundert brachten französische Soldaten aus dem Russlandfeldzug das Wort „Bistro" (russisch für schnell) mit, mit dem sie Restaurants bezeichneten, in den schnell ein Essen zubereitet wurde. Nach 1945 setzte sich Fast Food auch in Amerika durch, weil viele Firmen keine eigene Kantine hatten, in der ihre Angestellten ein Mittagessen erhalten konnten. Der Begriff „To Go" ist erst in den 1990er Jahren und hauptsächlich in Verbindung mit Kaffee bekanntgeworden. Heute steht das To-Go-Essen wegen des vielen Verpackungsmülls in der Kritik, der sich an Straßenrändern wiederfindet und zur Verschmutzung der Gewässer beiträgt. Seit dem deutschen Verpackungsgesetz von 2019 gibt es nun eine Reihe schöner wiederverwendbare To-Go-Becher, die man sich in entsprechenden Geschäften auffüllen lassen kann.

„To Go“ wird nicht nur als Bezeichnung für „Lebensmittel für unterwegs“ verwendet, sondern bezieht sich auf alles, was einfach und schnell zu erhalten und mitzunehmen ist, sei es eine neue Frisur oder ein frisches Make-up, ein Auto zum Leasen, ein Sprach- oder Reiseführer. Ist Gott auch „To Go“ zu haben?

Jakob hat die bittere Erfahrung gemacht, dass man mit Betrug nicht weit kommt. Seinem Vater hatte er vorgegaukelt, er wäre sein Zwillingsbruder. So hatte er sich das Erbe mit allem Segen erschlichen. Weil das seinen Bruder auf die Palme gebracht hat, musste er seine Familie verlassen. Damals hing das Überleben vom Zusammenhalt der Familie ab. Und Jakob war plötzlich mutterseelenallein. Da begegnete ihm Gott im Traum und versprach ihm, ihn sein Leben lang zu begleiten. Was für ein tolles Versprechen! Obwohl Jakob sich alles andere als richtig verhalten hat, lässt Gott ihn nicht fallen. Daran hat Gott bis heute nichts geändert. Er geht unseren Lebensweg mit, auch wenn der nicht so geradlinig verläuft, wie wir uns das wünschen. Gott hält unsere falschen Entscheidungen aus, seine Begleitung ist nicht an Bedingungen geknüpft. Gott ist ständig präsent und im Gebet erreichbar, auch wenn wir uns von ihm entfernt haben. Er ist ein To-Go-Gott, der nicht an Orte oder religiöse Handlungen gebunden ist, sondern uns immer wieder mit seiner Nähe überrascht. Das zu entdecken, braucht manchmal etwas Zeit und Ruhe und ist nicht immer im Vorübergehen zu bemerken. Nimm dir diese Zeit!

Tat-Sache

Wiederverwertbare To-Go-Becher sind an vielen Orten günstig zu erwerben. Beschrifte einen solchen Becher mit dem Bibelvers oben oder mit dem Versprechen Gottes, dass er mitgeht. Was bedeutet das konkret für die Situationen, in die du morgen gestellt wirst?

Türknauf

Hör doch! Ich stehe vor der Tür und klopfe an. Wer meine Stimme hört und die Tür öffnet, bei dem werde ich eintreten. Ich werde mit ihm das Mahl einnehmen und er mit mir.
Offenbarung 3,20

Fund-Sache: Abendmahl, Gemeinschaft, Glaube

Ansichts-Sache

Wenn die Eltern ungefragt ins Zimmer stolpern ohne anzuklopfen, ist das ganz schön nervig. Wie gern hätten wir einen festen Türknauf an der Außenseite der Tür, sodass man sie nur von innen öffnen kann. Dann könnten wir ganz allein darüber bestimmen, wer wann unser Zimmer betritt. Doch einen solchen Türknauf gibt es fast ausschließlich an Wohnungs- oder Haustüren, die man von außen nur mit einem Schlüssel öffnen kann. Wenn man ihn denn dabeihat.

Türen wurden früher von innen verriegelt, von außen gab es einen Lederriemen oder Ähnliches, mit dem durch Ziehen der innen liegende Riegel hochgezogen werden konnte. Den drehbaren Türknauf hat sich 1878 der Afroamerikaner Osbourn Dorsey patentieren lassen. In Großbritannien, Frankreich und vielen Ländern außerhalb Europas werden solche Türknäufe verwendet. In Deutschland sind es fast ausschließlich Türklinken, die wir an Zimmertüren angebracht haben, um die Tür von beiden Seiten, notfalls auch mit dem Ellenbogen, zu öffnen.

Eigentlich hatte Gott sich das Leben mit uns ohne Türen vorgestellt. Er wollte mit uns in friedlicher Gemeinschaft leben, geprägt von einem großen gegenseitigen Vertrauen. Denn Gott hat uns Menschen aus Liebe geschaffen und wollte uns so jeden Tag seine Liebe zeigen. Doch wir Menschen haben Gott die Tür vor der Nase zugeschlagen. Wir wollten nicht mehr bei allem und jedem von Gott hören, was jetzt das Beste sei. Wie die nervigen und überfürsorglichen Eltern haben wir ihn ausgesperrt. Wir wollten unser eigener Gott sein und selbst darüber entscheiden, was richtig und was falsch ist. Und deshalb haben wir die Tür zugemacht und Gott aus unserem Leben ausgeschlossen.

Aber Gott hat sich damit nicht abgefunden. Weil er uns so unendlich liebt, hat er uns nicht aufgegeben, sondern möchte immer noch diese Gemeinschaft mit uns haben. Darum ist er in Jesus auf diese Welt gekommen, um an unsere Herzenstür zu klopfen. Gott poltert nicht einfach so unangekündigt in unser Leben hinein, sondern lässt uns ganz frei entscheiden, ob wir ihm die Tür öffnen wollen oder nicht. Und er sagt auch gleich, was uns dann erwartet: ein Gemeinschaftsmahl mit Gott. Dieses Mahl ist nicht nur irgendein Snack, sondern ein Essen mit lebenslangen Konsequenzen. Wenn Gott in unser Leben kommen darf, dann können wir endlich reinen Tisch machen. Er vergibt uns, dass wir ihn nicht als Gott anerkannt, sondern ihn aus unserem Leben ausgesperrt haben. Gott wischt das alles vom Tisch. Es wird neu gedeckt: Brot und Wein für Jesu Tod am Kreuz. Wir können sehen und schmecken, dass Gott uns vergeben hat. Und so liegt es an uns: Öffnen wir die Tür und ersetzen den Türknauf durch eine Türklinke, damit Gott Zugang zu unserem Leben bekommt?

Tat-Sache

Aus bunter Pappe oder dünnem Holz lässt sich leicht ein schönes Türschild basteln. Welcher Spruch soll deine Zimmertür schmücken? Und was steht auf dem Schild, wenn Jesus anklopft?

Videoanruf

Wenn dann meine Herrlichkeit vorüberzieht, will ich dich in den Felsspalt stellen. Solange ich vorüberziehe, werde ich meine Hand über dich halten. Danach werde ich meine Hand wegziehen, und du kannst hinter mir hersehen. Aber mein Angesicht kann man nicht sehen.
2. Mose 33,22-23

Fund-Sache: Hoffnung, Vertrauen, Zukunft

Ansichts-Sache

Andere Menschen zu verstehen, ist an sich schon schwierig genug. Schwieriger wird es, wenn wir sie nicht sehen, und noch schwieriger, wenn wir sie nicht hören können. Dann fragen wir uns: „War dieser Satz jetzt ironisch gemeint? Oder witzig? Oder ernst?" Beim Schreiben können wir mit Emojis unsere Aussage erklären. Beim Sprechen helfen uns verschiedene Tonlagen, um die Bedeutung der Worte zu verdeutlichen. Und noch leichter ist es, mit Mimik und Gestik zu unterstreichen, was wir sagen möchten. Aber wenn wir mit Menschen kommunizieren, die nicht im selben Raum sitzen, kann es leicht zu Missverständnissen kommen.

In der Zeit der Pandemie haben Videomeetings stark zugenommen. Beispielsweise hat sich die Nutzerzahl des Videokonferenzanbieters Zoom innerhalb weniger Monate verzwanzigfacht. Von den heutzutage verwendeten Anbietern ist Skype das älteste, gegründet 2003. Facetime hat 2010 nachgezogen, Facebook 2011. Bei Whatsapp funktioniert das erst seit 2016. Videokonferenzen sind auf IServ seit April 2020 möglich.

Videoanrufe sind eine gute Möglichkeit, um Kontakt mit Menschen zu halten, die weit weg leben oder krank sind. Noch besser aber ist es, wenn man sich persönlich treffen kann. Das dachte sich wohl auch Mose. Er führte im Auftrag Gottes sein Volk aus der Sklaverei. Er manövrierte sie durch die Wüste. Er hielt sie davon ab, Gott ganz zu verlassen. Er vermittelte zwischen Gott und Volk, brachte Gottes Gebote zu den Menschen und errichtete ein Zelt, in dem Gott wohnen konnte. Er war Gott ganz nah. Und trotzdem wünschte er sich so sehr, Gott einmal zu sehen. Doch das war und ist bis heute nicht möglich. Gott ist zu göttlich, als dass wir ihn mit unseren Augen sehen könnten. Aber Gott erlaubt Mose, ihm hinterherzusehen.

Manchmal geht es uns wie Mose. Wir würden Gott gern in unserem Leben sehen, um sicher zu sein, dass er tatsächlich mit uns geht. Aber oft fühlen wir nichts und denken, dass er ganz weit weg oder gar nicht existent ist. Wie gern würden wir nicht nur seine Stimme in der Bibel lesen, sondern ihn persönlich hören und sogar sehen, wie bei einem Videoanruf. Gott schenkt uns wie Mose, dass wir hinter ihm hersehen können. Und tatsächlich ist es oft so, dass wir erst im Rückblick entdecken, dass Gott immer an unserer Seite war. An den Tagen, als wir uns ganz und gar wertlos fühlten, hat er uns seine Liebe geschenkt. In unseren Krisen sind wir nicht untergegangen, sondern Gott hat uns getragen. Manchmal ist es gut, zurückzublicken und Gottes Spuren in unserem Leben zu entdecken. Dann können wir auch hoffnungsvoll nach vorn schauen.

Tat-Sache

Eine Rückschau halten wir gern an bestimmten Festtagen wie dem Geburtstag oder dem Jahresende. Aber es lohnt sich, immer mal wieder (beispielsweise sonntags) auf die letzte Woche zu schauen und festzuhalten, wo wir Gott begegnet sind. Notiere es dir auf kleine Post-its und klebe sie sichtbar auf, sodass du mutig in die nächste Woche gehen kannst. Gott wird bei dir sein.

Walnuss

Maria brachte ihren ersten Sohn zur Welt. Sie wickelte ihn in Windeln und legte ihn in eine Futterkrippe. Denn sie hatten in der Herberge keinen Platz gefunden.
Lukas 2,7

Fund-Sache: Geschenk, Jesus, Weihnachten

Ansichts-Sache

Die Walnuss ist eine sehr alte Nussbaumsorte, die es schon im Tertiär (66 bis 2,6 Mio. Jahre vor unserer Zeit) gab. In der Region südlich des Schwarzen Meeres hat sie die Eiszeit überlebt und sich von dort über die ganze Welt ausgebreitet. Im Himalaya-Gebirge ist sie in einer Höhe bis 3.300 Meter zu finden. Noch heute gibt es in Kirgisistan die größten Nussbaumbestände weltweit. Die größten Walnussproduzenten sind aber China und die USA.

Von außen sieht die Walnuss rau und unscheinbar aus, fast wie ein Klumpen Erde oder ein Stein. Wem es aber gelingt, die Nuss zu knacken, der entdeckt einen wertvollen und süßen Nusskern. Die Walnuss besteht zu 42–62% aus Fett, zu 11–16% aus Eiweiß und nur 15–23% aus Kohlenhydraten. Außerdem enthält sie viele wichtige Stoffe wie Zink, Kalium, Magnesium, Phosphor, Schwefel, Eisen, Calcium und die Vitamine A, B und E. Damit ist sie ein wahrer Alleskönner. Wer sie isst, schützt sich damit vor Diabetes, Bluthochdruck, Krebs und anderen Herz-Kreislauf-Erkrankungen. Walnüsse liefern Sportlern schnell viel Energie und für Gewichtsbewusste enthalten sie ausreichend Nährstoffe, aber keinen Zucker und nur wenige Kohlenhydrate.

Wer hätte das gedacht, dass sich hinter so einer harten, unansehnlichen Schale so ein Wunderwerk verbirgt? Das ist einer der Gründe, warum wir sie in der Advents- und Weihnachtszeit immer wieder vorfinden: Das liegt nicht nur daran, dass sie im Herbst geerntet werden. Schließlich hängen wir auch keinen Kohlkopf an den Weihnachtsbaum, der zur selben Zeit geerntet wird. Ihre Symbolik erinnert uns an das erste Weihnachtsfest.

Die Unterkunft, in der Jesus geboren wurde, war ähnlich schlicht wie die Schale einer Walnuss. Niemand hätte gedacht, dass hier der Sohn Gottes zur Welt kommt! Als Geburtsort würde man sich ja eher einen Palast vorstellen. Und das war auch das Problem vieler Menschen damals. Jesus passte so gar nicht in ihre Vorstellung. „Gott ist doch ganz anders", dachten sie. „Das kann nicht Gottes Sohn sein." Weil aber Jesus nicht in einem Palast residierte, sondern ganz normal unterwegs war, war es allen Menschen möglich, ihn zu treffen und ihn kennenzulernen. Auch bei uns ist nicht alles auf Hochglanz poliert, es gibt Narben und Furchen wie auf einer Walnussschale, die verschiedene Erlebnisse in uns hinterlassen haben. Um Gott in diesem manchmal auch hart gewordenen Leben zu treffen, müssen wir nicht erst alles bereinigen und glatt machen. Gott kommt mitten hinein in unsere schmutzige Welt. Und er hält so manche Überraschung für uns bereit. So überraschend, wie sich ein süßer Kern in einer rauen Schale verbirgt.

Tat-Sache

Wenn man Walnüsse vorsichtig knackt, erhält man zwei vollständige Schalenhälften. In sie können nette kleine Überraschungen gelegt werden: Grüße an Menschen oder Zusprüche Gottes. Wird ein schönes Band als Schlaufe auf den Rand gelegt und die Nuss dann wieder zusammengeklebt, ergibt sie ein schönes Geschenk für jemanden, dem du Gottes Überraschungen weitergeben möchtest.

Wikipedia

Das Wort, in dem Christus gegenwärtig ist, wohne in reichem Maß bei euch. Lehrt einander und ermahnt euch gegenseitig. Tut das in aller Weisheit.
Kolosser 3,16a

Fund-Sache: Bibel, Gemeinschaft, Nachfolge

Ansichts-Sache

Wer ein Referat für die Schule vorbereitet, landet meist bei Wikipedia. Denn dort findet man zu sehr vielen Themen alles, was man wissen muss. Die Seite www.wikipedia.org ging am 15. Januar 2001 online, die deutsche Seite folgte einen Tag später. Seitdem sind ca. 2,7 Millionen Artikel in deutscher Sprache erschienen. In gedruckter Form wären das 1.600 Bücher mit je 1.000 Seiten. Pro Tag kommen 350–400 neue Artikel dazu. Weltweit gibt es 58,1 Millionen Artikel in mehr als 300 Sprachen. Je nach Tageszeit wird die Seite zwischen 25.000 und 60.000 Mal pro Sekunde besucht.

Gegründet wurde Wikipedia von Jimmy Wales und Larry Sanger als Nachfolgeplattform von nupedia. Ziel von Wikipedia ist es, gemeinsam ein Lexikon zu erstellen, um vom Wissen aller zu profitieren. Dazu verwendeten sie die Software Wiki, die jedem Nutzer die Möglichkeit gibt, selbst Artikel zu erstellen oder bereits vorhandene Artikel zu überarbeiten. Artikel müssen neutral und frei von Meinungen und Falschinformationen sein und sollen so Wissen für alle zur Verfügung stellen. Finanziert wird Wikipedia durch eine Stiftung. Weltweit liegt Wikipedia auf dem 14. Platz der am häufigsten besuchten Websites, in Deutschland liegt sie auf Platz 7 und ist die einzige Website ohne finanziellen Gewinn unter den ersten 50. Das Logo, ein unvollständiger Ball aus Puzzleteilen, beschreibt, dass hier das Wissen einzelner ein ganzes Bild ergeben soll, das aber noch nicht vollständig ist.

In gewisser Weise ist die Bibel eine ähnliche Sammlung: Was Menschen mit Gott erlebt haben, ist hier auf verschiedene Weise zusammengetragen. Man kann Geschichten einzelner Personen wie Abraham, Mose, Ruth oder Esther nachlesen und was sie mit Gott erlebt haben. Aber auch die Geschichte des Volkes Israel wird im Alten Testament erzählt. Die Gebete von Menschen, die Gott loben, aber auch mit ihm ringen, kann man in den Psalmen nachlesen. Und was Gott den Menschen sagen möchte, entdecken wir z. B. bei den Propheten. Gott selbst stellt sich in Jesus vor. Wie das die Menschen erlebt haben, davon berichten die Evangelien. Und welche Fragen die ersten Christen beschäftigt haben, können wir in den Briefen des Neuen Testaments nachlesen. Es gibt in der Bibel noch viel mehr zu entdecken. Ähnlich wie Wikipedia setzt sie sich aus verschiedenen Puzzleteilen zusammen, die damit ein ganzes Bild von Gott ergeben. Aber das Bild bleibt genauso offen. Denn Gott handelt und redet heute noch. Er ist nicht nur ein Gott, der einmal von Bedeutung war, sondern einer, der auch heute noch in unsere Lebensgeschichte eingreifen kann. Und das wird er auch in Zukunft tun. Darum kann unser Bild von Gott nicht abgeschlossen sein, sondern muss immer wieder neu überarbeitet werden. Es ist gut, sich mit anderen Menschen über ihr Verständnis von Bibeltexten und ihre Erfahrungen mit Gott auszutauschen. So kann dein Glaube wachsen.

Tat-Sache

Gemeinsam mit anderen Menschen Bibeltexte zu lesen, ist oft sehr bereichernd. Überlege, mit wem du dich für eine Zeit verabreden willst, um einen Text zu lesen und Gedanken zu teilen.

Zunge

Gott, der Herr, nimmt meine Zunge in die Lehre. Als sein Schüler kann ich dem Erschöpften ein Wort zusprechen, das ihm Mut macht. Jeden Morgen öffnet er mir die Ohren. So kann ich auf ihn hören, wie ein Schüler auf seinen Lehrer hört.
Jesaja 50,4

Fund-Sache: Lebensstil, Lüge, Nachfolge

Ansichts-Sache

Jeder hat sie im Mund: eine Zunge. Der mit Schleimhaut überzogene und aus neun Muskelsträngen bestehende Muskelkörper hat verschiedene Aufgaben. Beim Essen schiebt er die Nahrung hin und her, sodass alles gut zerkaut und mit Speichel vermischt werden kann. Die Zunge ist für den Genuss zuständig, denn sie kann (in Kombination mit dem Gehirn) verschiedene Geschmacksrichtungen auseinanderhalten. Beim Schlucken schiebt sie das Essen in den Hals hinunter. Und hinterher räumt sie den Mund wieder auf, indem sie vergessene Essenreste aus den Zähnen holt. Sprechen ohne Zunge ist kaum möglich, denn sie sorgt für die Lautbildung. Das kann man ganz leicht selbst testen, indem man versucht, mit vollem Mund zu sprechen. Die Zunge ist auch mit einem Tastsinn ausgestattet, was natürlich beim Küssen wichtig ist, aber auch, um die Temperatur eines Lebensmittels zu kontrollieren. Wer sich schon mal die Zunge verbrannt hat, kennt diesen Schmerz.

Was die Sprache angeht, ist die Zunge sehr vielseitig. Sie kann gute Worte sagen, Menschen loben, ein „Ich mag dich!" über die Lippen bringen, lustige Witze erzählen, Freundschaft versprechen, Grüße ausrichten, Gott in Liedern ehren, beten, segnen, Trostworte sagen ... Aber sie kann auch das Gegenteil: über Menschen und Situationen schimpfen und fluchen, lästern und lügen, angeben und Menschen von oben herab behandeln. Es ist dieselbe Zunge, die sowohl Gutes als auch Schlechtes sagen kann. Manchmal ärgern wir uns, dass wir etwas gesagt haben, wo wir lieber hätten schweigen sollen. Und manchmal bereuen wir, dass wir in einer Situation nichts gesagt haben, wo es nötig gewesen wäre, den Mund aufzumachen.

Der Prophet Jesaja erklärt sich gegenüber seinem Volk, woher die Worte aus seinem Mund kommen. Er bezeichnet sich als Schüler Gottes, der erst auf ihn hört und dann redet. Die Ermutigung und die Weisung für Israel kommen nicht aus seinem eigenen Kopf, sondern von Gott, der durch ihn redet. Damit das funktioniert, nimmt er sich jeden Morgen die Zeit, auf Gott zu hören. Keine schlechte Idee! Wie oft stolpern wir in den Tag, sind schon am Morgen gehetzt, weil wir den Wecker nicht gehört haben. Genervt maulen wir uns gegenseitig an, bis die Haustür ins Schloss fällt. So eine Stimmung kann sich dann durch den ganzen Tag ziehen und wir sagen mit unserer Zunge Dinge, die wir eigentlich nicht sagen wollten. Auf Gott zu hören – das geht zu jeder Tageszeit – und ihn darum zu bitten, unseren Mund zu füllen, damit wir die guten Worte sagen, kann unser Reden deutlich verändern. Wem redest du nach dem Mund?

Tat-Sache

Zungenbrecher sind vor allem in Gemeinschaft lustig, wenn man miteinander und nicht übereinander lacht. Suche ein paar solcher Sprüche aus, z. B. unter www.1001sprueche.com/zungenbrecher und übe sie gemeinsam mit anderen. So kannst du deine Zunge auf lustige Weise trainieren.

FUND-
SACHEN

Bibelstellenverzeichnis

Altes Testament

Neues Testament

Stichwortverzeichnis

Birgit Götz
ANSICHTS
SACHEN
Es ist nicht alles Banane
60 Andachten für Jugendliche über Gegenstände
buch+ musik
2

4028

Die Autorin

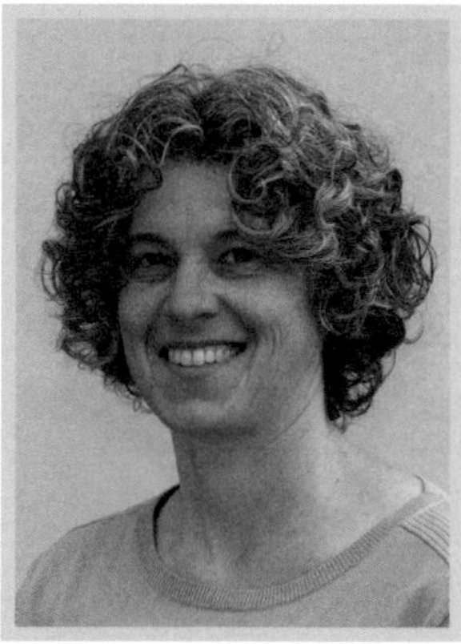

Birgit Götz, Jahrgang 1973, lebt als Exilschwäbin in Marburg. In ihrem Alltag als Mutter, Haushaltsorganisatorin, Mitarbeiterin im CVJM und Gärtnerin im eigenen Garten entdeckt sie immer wieder Kleinigkeiten, die sie an eine Eigenschaft Gottes erinnern. Mit ihren beiden Teenagern als beste Kritiker hat sie versucht, diese Ansichtssachen aufs Papier zu bringen, um den unsichtbaren Gott ein wenig sichtbarer zu machen.

Ausgebildet an der Evangelistenschule Johanneum und der Evangelischen Hochschule RWL Bochum, arbeitet sie nach Stationen als Jugendreferentin im CVJM, Schriftleiterin der Zeitschrift KON, Lektorin im BORN-Verlag und bei buch+musik inzwischen als freiberufliche Lektorin, Autorin und Referentin. Aus ihrer Feder stammen u. a. die Bücher „Ab geht die Post! AT", „Ab geht die Post! NT" und „Ansichtssachen".

Björn Büchert, Katharina Haubold, Jan Schickle (Hg.)

Glaube fällt [NICHT] vom Himmel

Entdeckungsreise zwischen Biografie und Theologie

TheoLab Workbook. Dieses Workbook ist eine theoretische und praktische Entdeckungsreise, um den eigenen Glauben im Zusammenhang mit der eigenen Biografie besser zu verstehen. Es lädt zum Lesen, zur Auseinandersetzung und zur Reflexion ein. Ganz persönlich oder gemeinsam mit anderen.

128 Seiten, 16,5 x 23 cm, kartoniert, durchgehend farbig, mit Downloads

Björn Büchert, Katharina Haubold, Florian Karcher (Hg.)

Weitere Titel der TheoLab-Reihe

TheoLab macht Theologie alltagsrelevant, vermittelt theologische Hintergründe und hilft sprachfähig zu werden. Je drei große Fragen zu den drei Themen **Gott, Mensch und Welt** (Band 1), **Jesus, Himmel und Mission** (Band 2) und **Geist, Bibel und Kirche** (Band 3) werden kompakt und gut verständlich von verschiedenen Standpunkten aus beleuchtet.

je 128 Seiten, 12 x 19 cm, kartoniert, mit Sketchnotes, mit Downloads